AF280724

RONALD BOWN S. (ED.)

EDUCAR PARA LA VIDA.
EXPERIENCIAS EN LA ENSEÑANZA DE
RELIGIÓN

EDICIONES UNIVERSIDAD DE NAVARRA, S.A.
PAMPLONA

Serie: Religión

Cupón para la Biblioteca Virtual

Accede a la versión eBook de este título por solo **1,99 €**. Con la compra de este libro puedes utilizar el siguiente cupón para la lectura en *streaming** desde la Biblioteca Virtual. **Sigue estas instrucciones** para visualizar tu libro:

1. Dirígete a la web de la Biblioteca Virtual en **https://ebooks.eunsa.es**.

2. En la web ve a **Iniciar sesión** e introduce tu email y contraseña. Si no estás registrado, deberás completar el proceso en **Registrarse**.

3. Tras registrarte, accede a la página del libro o lee el QR de esta página. Bajo el precio podrás **insertar el código oculto en el siguiente cupón para activar la promoción.**

Despegue para visualizar

Acceso directo al eBook

Canjéalo en ebooks.eunsa.es

*Con acceso a internet desde cualquier navegador.

ISBN 978-84-313-3975-3
DL NA 1598-2024

Imagen cubierta
Gerd Altmann en Pixabay

Printed in Spain – Impreso en España
Imprime: Podiprint

Índice

Introducción

Ronald Bown S
Profesor de Religión. Colegio Tabancura
rbown@tabancura.cl

Hace algunos años, justo en los comienzos de mi carrera profesional como docente, tuve la oportunidad de asistir a una jornada de capacitación de la profesora Tina Blythe, directora del Project Zero de la Universidad de Harvard. Finalizada su presentación, me acerqué a ella para preguntarle su opinión sobre la labor docente. Aunque ya ha pasado bastante tiempo, recuerdo muy claramente lo que me dijo: "La labor de profesor es la que permite transformar personas y no solo cosas" y agregó "Ser profesor es el trabajo que más requiere de superación personal".

Puede que el lector esté de acuerdo o no con ella, pero mi experiencia confirma sus palabras. Día a día veo en mis alumnos una transformación, y en mí la necesidad de ser un mejor profesor. Estamos hablando, entonces, de una profesión apasionante, cuya exigencia es del más alto nivel. Y si lo anterior puede aplicarse a la labor de cualquier profesor, cuánto más puede hacerse al profesor de religión. En efecto, el profesor de Religión tiene la maravillosa misión de poner frente a los ojos de sus alumnos a Jesucristo, para que, con su libertad, le permitan entrar en sus vidas.

Este libro está dirigido a profesores que hacen clases de Religión y su enfoque son las clases de esta asignatura. Sus autores son profesores, que hablan desde la experiencia y tienen un objetivo bien claro: dar consejos, herramientas, metodologías y recetas para intentar mejorar, por el bien de nuestros alumnos, nuestras clases.

En los distintos capítulos se recogen vivencias y consejos. Algunos de ellos pretenden hacernos pensar, otros darnos ejemplos para imitar, otros sólo hacernos reflexionar y dimensionar la belleza que tenemos entre manos con este trabajo tan singular. De esta manera, poder sentirnos más acompañados en nuestra exigente labor diaria y recordar que no estamos solos en la apasionante aventura de la docencia.

El capítulo 1 habla de las principales características que debería tener un profesor de Religión en todo momento, pero de manera especial, en sus clases: la autoridad frente a los alumnos, el cariño que les entrega, su prestigio, el saber los nombres de cada uno y mirarlos a los ojos, el llegar puntual a clases y tener todo convenientemente preparado, su vida de piedad, etc. Todo ello, debidamente combinado, son los distintos colores que van formando el bello cuadro de nuestra labor de profesores de Religión.

El capítulo 2 trata de la planificación de las clases. Mientras más importante es la labor que tenemos entre manos, más tiempo procuramos dedicar a su planificación. Nos resulta muy fácil entender la necesidad de que para, por ejemplo, la compra de una casa, un examen de grado, un viaje de bodas, etc. dediquemos abundantes horas a su planificación. Es tal el bien que podemos hacer con nuestras clases de Religión, que cada una de ellas requiere de la mejor planificación posible. Esta nos permite tener claro qué queremos que nuestros alumnos aprendan en cada clase, qué actividades vamos a realizar, en qué material nos vamos a apoyar, etc. Una buena clase requiere de planificación general y remota, plan de inicio, desarrollo y de cierre. Plan de los medios que utilizaremos, del mensaje y de todo lo que queremos que suceda en ella.

El capítulo 3 busca ser un apoyo en las lecturas que nos pueden ayudar a mejorar nuestras clases. Es sabida la importancia de la lectura en la educación. Despertar en los alumnos el amor por la lectura es un legado valiosísimo que podemos dejar en ellos. Las clases son muy importantes, pero en cierto modo, ahí empiezan y terminan. En cambio, crear en ellos el hábito de la buena lectura, es algo que permanece en sus vidas. La única manera de transmitir el gusto por la lectura es siendo lectores, por lo que es fundamental que nosotros seamos buenos conocedores de las Sagradas Escrituras, los textos de los Papas, los escritos de santos, Padres y Doctores de la Iglesia, etc.

El capítulo 4 quiere ser lo más práctico posible. El avance en la tecnología, en comunicaciones, en redes sociales, etc. nos abre un mundo de posibilidades y de herramientas para mejorar nuestras clases. Actualmente contamos con un número casi ilimitado de recursos pedagógicos para ellas. ¿Cuáles elegir? ¿Qué imágenes, videos, mapas, infografías, aplicaciones, etc. nos pueden servir? ¿Cómo poder sacarle el máximo provecho al Catecismo o a su Compendio? Éstas y otras preguntas se contestan en este capítulo.

En nuestro quehacer diario experimentamos, cada vez con más intensidad, la dificultad que tienen nuestros alumnos para permanecer concentrados y atentos. Por lo mismo, vemos la necesidad de que nuestras clases sean variadas e interactivas. En el capítulo 5 se proponen actividades como lecturas, momentos de escritura, discusiones de a pares, exposiciones, análisis de videos, tareas, proyectos grupales, actividades de memorización, rutinas de pensamiento, protocolos, etc.

El capítulo 6 plantea un aspecto clave en el proceso de enseñanza-aprendizaje: la participación de los alumnos. Cada uno de nosotros tendrá distintas experiencias al respecto. En ocasiones, habremos percibido gran apatía, falta de motivación o desinterés por interactuar. En otras, logramos despertar en ellos un genuino interés por aprender y profundizar en distintos temas. El objetivo de este capítulo es facilitar la participación de los alumnos, logrando que estén activos a través de su trabajo y sus preguntas.

Para un profesor de Religión, debe ser central la figura de Jesucristo. Su cercanía y su presencia no deben faltar jamás en nuestras clases. Escuché a un sabio profesor que no debemos jamás permitir una clase de Religión en que dejemos de nombrar a Jesucristo. El venir de Cristo para ser de Cristo y llevar a Cristo, puede ser un buen resumen de nuestra vida y de nuestra labor docente. Es por eso que el capítulo 7 propone que nuestras clases se centren en Su persona. Esto a través de tres medios principalmente: la Sagrada Escritura, la Eucaristía y la Pasión. Dicho de otro modo, busca que nuestras clases sistematicen el cristianismo en torno a la vida y obras de Jesucristo.

Por último, en los capítulos 8, 9, 10 y 11 se desarrollan los principales desafíos de las clases de Religión en los alumnos de preescolar, de básica, de media y con necesidades educativas especiales, respectivamente. Se trata de adaptarnos al nivel del público al que nos dirigimos, con sus necesidades específicas y particulares. Esto requiere de gran sabiduría ya que, si bien el mensaje es el mismo, la edad psicológica y las circunstancias de nuestros receptores es clave para la llegada correcta de lo que queremos enseñar.

Por otro lado, aunque este libro está dirigido a profesores y enfocado en las clases, no puedo dejar de mencionar lo que habremos constatado a lo largo de los años y que sabemos bien: que los padres son los primeros educadores y que la fe se transmite principalmente en la familia. Mary Eberstadt, en su libro *Cómo el mundo occidental perdió realmente a Dios*, lo deja especialmente claro cuando afirma que "familia y fe son la invisible doble hélice de la sociedad: dos espirales que, unidas, pueden reproducirse de manera efectiva, pero en cuya fuerza y en cuyo impulso dependen la una de la otra" (Eberstadt, 2014, 39). Siendo consecuentes con esto, el fin de este libro también ha de ser el que nuestras clases tengan una influencia cristiana en el hogar de nuestros alumnos y, por otro lado, que ayude a los padres de familia en la educación cristiana de sus hijos. En otras palabras, este libro está dirigido primeramente a los profesores de Religión, pero también a los padres de nuestros alumnos. En una sociedad cada vez menos cristiana, el trabajo colaborativo entre profesores y padres es cada vez más necesario.

Los profesores de Religión trabajamos en condiciones y circunstancias muy diversas. En algunos colegios las clases de Religión son obligatorias y en otros optativas. En algunos esta asignatura es prioritaria en el proyecto educativo, y en otros más bien secundaria. En ocasiones la disciplina está muy bien trabajada y en otros tiene serias dificultades al respecto. Algunos establecimientos apoyan al profesor fuertemente pero en otros cuesta más sentir ese respaldo. Este libro está dirigido a todos ellos, sean cuales sean sus circunstancias.

Leyendo el libro *Doce hábitos para un matrimonio saludable*, el psiquiatra Richard P. Fitzgibbons, nos invita a maravillarnos con las enseñanzas y la belleza de nuestra fe y la doctrina católica. A través de diversos estudios, el autor muestra con datos objetivos la sabiduría de nuestra Madre la Iglesia. La invitación del autor es, más que nunca, a mostrar sin miedos ni inseguridades la maravilla de las enseñanzas de nuestro Señor y de su Iglesia. Y esta es, justamente, la invitación que está implícita en cada una de las páginas de este libro.

Vayan ahora, algunas reflexiones: me gusta destinar los últimos minutos de mis clases a una actividad que denomino "Exit Questions" o, en el último tiempo: preguntas de "Alto Impacto". Es una actividad muy sencilla pero que a los alumnos les atrae mucho: se trata de que cada uno entregue, escrita en un papel, una pregunta sobre la clase. Puede ser algo que ellos no hayan entendido bien, alguna idea que les gustaría profundizar, algún concepto por el que tengan especial curiosidad, etc. Estas preguntas me permiten ver qué realmente aprendieron, cuáles son sus temas de especial interés y son un insumo muy valioso para la clase siguiente.

Cada día, al revisar esas preguntas, me sorprendo por varios motivos: su afán de conocer nuestra fe, la profundidad de sus cuestionamientos, su ingenio e inquietud cultural. Comparto con ustedes algunas de las preguntas que han hecho a lo largo de los años:

- ¿Cómo saber qué es lo que Dios quiere de mí?
- ¿Las personas de otras religiones pueden ir al Cielo?
- ¿Qué había antes de Dios?
- ¿Cómo el pecado original es malo si Dios crea todas las cosas?
- ¿Por qué elegir el mal no es verdadera libertad?
- ¿Qué enseña la Iglesia frente a los científicos que niegan la existencia de un acto creador?
- ¿Qué le puedo decir a un ateo para que se convierta?
- ¿Cómo saber si voy bien encaminado en mi vida?

Apoyándome en estas preguntas, y en la experiencia en la sala de clases, me atrevo a afirmar que a los jóvenes les gusta aprender, les interesa conocer más nuestra fe, quieren comprender con mayor profundidad las enseñanzas de la Iglesia, ansían darle un sentido a sus vidas y les interesa vivamente tener un encuentro personal con Cristo.

Es evidente, entonces, que nuestra labor como profesores en general y como profesores de Religión en particular, implica una gran responsabilidad. En cada una de nuestras clases tenemos una oportunidad, quizás única, de transformar vidas. Es verdad que el único capaz de convertir a una persona, de transformarla por dentro, es Dios mismo. También lo es que en el proceso de construcción de la propia identidad, y de conversión personal, cada alumno es quien debe hacer uso de su libertad dejándose guiar por la gracia de Dios. Pero también es clave tener en cuenta que podemos ser instrumentos de Dios e iluminar la inteligencia de nuestros alumnos y fortalecer su voluntad, para que de esta manera puedan elegir libremente y dejarse convertir por su gracia.

Me cuesta imaginar una vocación profesional más trascendental que ésta. ¿Puede algún trabajo ser más apasionante y transformador? Probablemente la respuesta es opinable, pero de todos modos, agradezco a Dios diariamente el que haya querido que mi vocación profesional sea la de ser profesor y, no bastando eso, el de ser profesor de Religión.

En mis años de profesor he tenido la oportunidad de enseñar otras asignaturas además de Religión. Sin desmerecer ninguna, al escribir estas palabras introductorias he profundizado en una idea que ahora puedo afirmar con total convicción: Religión es la asignatura más importante, porque nuestra misión es enseñar a vivir, a conocer la verdad y a encontrar un sentido a la vida. Esta realidad nos inspira para ponernos al servicio de las otras asignaturas y ser responsables para que nuestro desempeño docente esté a la altura de la enorme misión que tenemos entre manos.

Mi invitación es que en cada página vean qué les sirve y que no, con la flexibilidad propia del artista y del sabio, de tal manera que los inspire para mejorar cada día sus clases. Los dieciocho autores de este libro, todos profesores de Religión, lo hemos hecho con mucho cariño, y con la clara intención de que ojalá ayude a la mayor cantidad de profesores de Religión de Chile, de Hispanoamérica y, con espíritu universal, de todo el mundo. Espero también que esta iniciativa sea ocasión de que los profesores de Religión nos sintamos más unidos y apoyados en la apasionante tarea de enseñar, lo digo nuevamente, la asignatura más importante de todas.

Autoridad, cariño y prestigio

Álvaro Ibáñez Masramon
Colegio Huinganal, 5° básico y II medio
aibanez@colegiohuinganal.cl

En este primer capítulo te quiero animar, querido lector, a que me acompañes en el recorrido que he ido haciendo –preguntas, posibles respuestas, ideas…– desde que me pidieron que participara de este libro. Ha sido un tiempo de reflexión, de sana autocrítica, que espero al compartirlo te sirva a ti también para darte cuenta que para ser ese "súper" profesor o profesora de Religión (catequista o formador) muy probablemente no tendrás que hacer grandes cambios en tu vida. Con lo que tienes, sumado a tu pequeño esfuerzo diario por mejorar y, sobre todo, si nos dejamos moldear por la gracia de Dios, seremos tú y yo exactamente aquél que nuestros alumnos necesitan.

Repasaremos conceptos y principios que conoces bien, pero como tantas veces ocurre, una cosa es saberlos y otra vivirlos…, y por lo tanto conviene volver la vista sobre ellos y reflexionar. Con este ánimo entonces hablaremos de la autoridad, cariño y prestigio que convienen a un profesor de Religión.

1. Algunas consideraciones previas

Te propongo, en primer lugar, al modo en el que tal vez has aprendido a preparar tus clases, que usemos para este capítulo la planificación invertida.

Es un sistema que tiene muchas ventajas, porque al anteponer a los contenidos y las actividades de la unidad que desarrollaremos lo que queremos que nuestros alumnos aprendan, las preguntas profundas y abarcadoras que debieran ser capaces de responder, y las habilidades y actitudes que debieran adquirir, hace que cada una de las cosas que hacemos se llenen de sentido.

Diciendo esto, me siento obligado a confesarte algo: aunque teóricamente entiendo lo importante que es la planificación, es un aspecto que me cuesta mucho. Y junto con esa primera confidencia aprovecho de decirte —y no es falsa humildad— que estoy muy lejos, pero de verdad muy lejos, de ser un ejemplo como profesor de Religión. Me da tranquilidad decirlo, además imagínate que algún alumno mío lo leyera…, seguro pensaría: ¿y este pelado será realmente el mismo que me impartió clases? Para que, al leer este capítulo, sepas que las reflexiones e ideas que te sugiero, son un camino que recorremos juntos.

Pero volvamos a lo nuestro. Puede ser práctico pensar primero en nuestro objetivo, en la meta que queremos alcanzar, en el puerto al que nos dirigimos, y de esa manera ir descubriendo luego el camino que cada uno debe hacer para alcanzarlo.

Algunas preguntas que como profesores de Religión nos podrían ayudar a orientar la brújula son: ¿A qué aspiramos? ¿Qué es lo que necesitan nuestros alumnos? ¿Qué se espera de nosotros? O, mejor aún: ¿qué espera Dios de nosotros?

Recuerdo la definición que hacía un antiguo alumno de un buen profesor de Religión que había tenido en el colegio: "era una persona que aprendía junto a nosotros". Me pareció muy profundo. Este alumno se refería a su profesor como un guía, como "un pastor con olor a oveja", como decía el papa Francisco a los sacerdotes. Porque enseñar Religión es, de alguna manera, *re-ligare* (una posible raíz etimológica de la palabra religión), volver a unir, es decir, nos presenta un desafío gigante: ser mediadores, puentes, entre Dios y los hombres. No confundamos nuestra tarea con la del ministro de la Iglesia, pero sí nos sirve para recordar ese sacerdocio común de los fieles, que es para todos los bautizados, pero que evidentemente en el caso del profesor de Religión se hace aún más claro y patente.

Me impresiona la altura del desafío que tenemos, ¿te pasa a ti también? ¿No te sientes un poco sobrecogido, pequeño, frágil, cuando piensas en los horizontes de la misión que se nos ha confiado? Esa consideración es muy sana y estoy convencido que a ti y a mí nos hace muy bien detenernos un momento y pensarlo. Para que pongamos todos los medios humanos y sobrenaturales para cumplir con este desafío y para llegar a ser el instrumento que Dios espera de nosotros, lo primero es entender hacia dónde nos dirigimos, qué anhelamos. Por eso es importante que te lo preguntes: ¿te has fijado lo infructuoso que es decirle a alguien lo que debe hacer sin que lo descubra por sí mismo, haciéndolo propio? Seguro te ha pasado con un familiar y muchas veces con los alumnos. "Ordena", "estudia", "no te quejes", "planifica", palabras que repetimos una y otra vez, pero estériles mientras esa persona no "vea", por sí misma, que existe ese obstáculo, defecto o vicio, y que vale la pena intentar corregirlo. Y entonces podrá pensar en los medios, la ayuda que necesita, la motivación y las acciones que debe conjugar para lograrlo.

¿Me sigues? ¿Vas pensando en tu rol como profesor de Religión y —a la luz de la exigente misión que se nos ha confiado— vas descubriendo aspectos en los que podrías mejorar? Una reacción muy natural al mirar desde nuestra pequeñez la aventura que se nos presenta por delante (me recuerda a Frodo de *El Señor de los Anillos*), quizá nos lleve a preguntarnos si somos realmente capaces…

2. ¿Yo?

Hasta ahora, casi no he conocido a profesores de Religión que hayan elegido este camino en su adolescencia, cuando nuestros pares se inclinaban por ser médicos, deportistas, ingenieros… El camino que hemos seguido para estar aquí, es en muchos casos verdaderamente sorprendente e insospechado. Pero aquí estamos, y como no creemos en el azar, sino que entendemos todo lo que nos pasa como parte de ese cuidado amoroso de Dios por nosotros, sabemos que no es una casualidad: Dios quería y cuenta con nosotros para que seamos unos excelentes profesores de Religión. Es la grandísima misión que Él nos ha encomendado, y eso debe llenarnos de orgullo y de una exigente responsabilidad.

3. Vaya asignatura

Los que enseñamos Religión Católica debemos ser muy conscientes de que enseñamos la asignatura más importante del currículum. Me imagino que lo afirmas con la misma fuerza con la que yo lo acabo de hacer. Pero no sé si te pasa que, aun sabiéndolo… ¡es tan difícil creérselo! Todas las señales que el mundo nos da parecen decir lo contrario: el sueldo precario del profesor de Religión, el escaso interés de los alumnos y de sus apoderados en la asignatura, que en muchos casos sea una asignatura electiva, que prácticamente en todos los colegios no lleve una calificación como tal, que sean solo dos horas a la semana… Al hacer este listado, querido gremio, solo se me viene a la cabeza que deberíamos repetir al unísono: "Si Dios está conmigo, ¿quién contra mí?". Pero esa cierta irracionalidad desde el punto de vista mundano, si tú y yo lo hacemos bien −trabajando y rezando del mejor modo posible−, irá convirtiéndose en esa misma locura de amor del Amigo que queremos dar a conocer a nuestros alumnos.

4. Muy humanos, muy divinos

Vamos a hablar del trinomio "autoridad, cariño y prestigio", que son conceptos que se necesitan y conjugan entre sí. No es posible pensar en un profesor que es amable y que manifiesta con su actuar ese "qué bueno que tú existas", propio de un cariño y real aprecio por cada uno de sus alumnos, y que se sostenga sin gozar de cierto prestigio, menos si no goza de un grado importante de autoridad. Y al revés: de qué prestigio hablamos si este se basa en el orden y la disciplina, pero exento del cariño, sentido del humor y sencillez que nuestros alumnos esperan de nosotros.

Y esta misma lógica de consistencia y consecuencia entre autoridad, cariño y prestigio, que es perfectamente aplicable a cualquier asignatura, desde Matemáticas a Educación Física, si pensamos en la exigencia de la clase de Religión, cuya aspiración es que los alumnos adquieran una visión trascendente, sobrenatural de la vida, debe en primer lugar ser humanamente muy "trabajada".

Me refiero a la necesaria coherencia que debe existir entre la ambiciosa meta de la clase de Religión −que quiere dotar de sentido, de fin último a la vida de cada uno de nuestros alumnos− y la manera misma en que desarrollamos nuestra labor. No sé si te pasa, pero cuando pienso en esto −y aunque sea consuelo de muchos…− me imagino que también le pasará a la mayoría de nosotros. ¡Qué difícil es que nuestras clases pasen por este examen!

¿Hay consistencia entre lo que transmitimos y la forma en que lo hacemos?

Porque, para que algo sea muy divino, primero tiene que ser muy humano. Alguna vez me explicaron que las raíces que sostienen el árbol tienen que ser fuertes y profundas para que pueda desarrollar ramas verdes y frondosas y dar frutos sabrosos y abundantes. Esas raigambres son las virtudes humanas (orden, responsabilidad, sencillez, amabilidad y alegría) que debemos cultivar los profesores, pero en particular los profesores de Religión, para que en nuestras clases podamos contribuir verdaderamente a que nuestros estudiantes quieran y descubran la fuerza y necesidad de la fe, la esperanza y la caridad.

¿Te imaginas una clase de Religión llena de buenas intenciones, donde se habla a los alumnos del Dios del Amor, de Nuestra Madre Santísima…, pero el profesor suele estar algo enojado, tiene poca paciencia, se nota que su clase es un poco improvisada, y corrige las tareas a destiempo o a la rápida? ¿Verdad que esos frutos maravillosos de fe, esperanza y caridad que esperamos alimenten a nuestros alumnos no se sostendrían, se caerían? ¿De qué virtudes teologales habla el profesor si con sus acciones parece estar diciendo justamente lo contrario?

Sí, es bastante obvio. Pero no es fácil de vivir. Tenemos tantas cosas que hacer, tantos cursos… Entiendo que probablemente tú, como muchos otros colegas que he conocido, eres el único profesor de Religión de tu colegio, o quizá te divides entre dos o tres colegios distintos, corriendo de un lado a otro constantemente. Además, cuentas con todas las dificultades propias de esta asignatura que mencionamos al comienzo de este capítulo. Todas son razones válidas para que el juicio que hagamos de nuestro trabajo sea comprensivo y misericordioso, pero tenemos que pensarlo y, cada uno de acuerdo a sus posibilidades, evaluar las virtudes o características que están haciendo más falta en nuestras clases, hacer lo posible para que haya mayor coherencia entre lo que enseñamos (o más bien la forma en que lo hacemos, porque los contenidos, mientras sean fieles a la doctrina del Magisterio de la Iglesia, obviamente no están en tela de juicio) y la aspiración que anhelamos, que esas almas se dejen querer y guiar por Dios.

5. Ejemplo de humanidad

Una realidad consoladora para lo que estamos diciendo es que la autoridad (de la que hablaré más adelante) está muy relacionada con la sencillez.

Al respecto, me viene a la cabeza una anécdota que me sucedió hace varios años. Animando a un grupo de padres jóvenes a educar con el ejemplo a sus hijos, diciéndoles que se educa mucho más por cómo vivimos que por lo que decimos, y en la mitad de mi animado discurso de Fray Ejemplo…, una mamá levanta la mano y, con cariño y firmeza, manifiesta su disconformidad: ¿Y no tenemos derecho a estar un poco enojados, cansados y agobiados los papás algunas veces? ¿No es hasta un poco sano que nuestros hijos se den cuenta de que somos también frágiles?

No se me olvidó nunca más anticiparme al justo reclamo de esa madre. Más que ejemplo de perfección, los padres y profesores debemos ser un ejemplo constante de lucha y hacer visible nuestro esfuerzo por ir mejorando poco a poco. Entonces ya tendrán nuestros alumnos a otra persona como ellos, que está en proceso, que es otro peregrino que quiere caminar con ellos. Porque no hay algo más desanimante que tener al frente a un profesor que parece que viene de otro planeta, que cuesta distinguir en él a la persona de carne y hueso del robot al que se asemeja o se esfuerza por parecer. Qué poco atractivos, cercanos e imitables resultan los que no muestran con naturalidad sus miserias, sus faltas. No hace falta confesarse en público, es cuestión de aprovechar algunos de los desaciertos que cometemos: una impuntualidad, algún reto a un alumno con más fuerza de la debida, o frente a la pregunta del preadolescente "¿y a usted no le da lata rezar a veces?", rectificar, pedir perdón, así como reírse de algún defecto que tenemos, de los zapatos rotos…

Mucho mejor lo dice el filósofo Carlos Cardona en su libro *Ética del quehacer educativo*, que te aseguro te vendrá muy bien leer. Fíjate en cómo refuerza la idea de mostrarnos tal y como somos, y aún me parece más asertivo –y consolador para nosotros– cuando hacia el final de su respuesta nos explica de dónde proviene lo que tendríamos de imitables y admirables…

> ¿Cómo ha de comportarse el educador para hacerse imitar, en lugar de hacerse admirar? Ser admirado y ser imitado no son dos términos absolutamente excluyentes. De lo que se trata es de que la natural admiración ante lo bueno invite a la imitación. Esto se produce, en primer lugar, cuando el modelo no es frío, glacial, distante, falto de cordialidad o de humanidad en el trato. En realidad, para mí es realmente admirable aquel que me ofrece una imagen realmente imitable y que estimula.
>
> La primera condición, por tanto, es que el modelo sea cálido, cordial, humano, asequible. En segundo lugar –con la prudencia que cada situación concreta exija–, el modelo ha de mostrar, con sus propias dificultades, que la práctica del bien, que el ejercicio de la virtud, nos resulta ardua a todos, que hay que vencerse, que no siempre se logra. En este sentido, el que los educandos adviertan algún defecto en el educador no me parece negativo, aunque él deba procurar siempre dar buen ejemplo, pero jamás de modo artificioso, para tener realmente autoridad moral, necesaria para educar.
>
> Es importante advertir que las pautas de conducta ética que proponemos no se basan en nuestra propia bondad, sino en lo que entendemos que es bueno para todos y que a todos se nos muestra como una meta nobilísima, aunque ardua. Esa meta, en definitiva, solo es Dios, nuestra identificación con Él por el amor. Resulta estimulante ver que el

educador se tiene que esforzar él mismo, que no siempre vence, incluso que a veces es vencido y no se desanima, sino que insiste y continuamente vuelve a empezar. Comenzar y recomenzar era una exhortación constante en la doctrina ascética de Mons. Escrivá de Balaguer: de él lo he aprendido yo[1].

Quiero seguir con algunas virtudes, que me parecen muy importantes en un profesor y más cuando la asignatura es Religión.

6. La sencillez, el sentido del humor y la alegría

Una idea muy simple, pero precisamente estamos hablando de sencillez: todo lo que tenemos de bueno (cierta inteligencia, talentos, virtudes, competencias y habilidades) son regalos, dones que hemos recibido. Por eso, la vanidad y la soberbia, vistas desde cierta perspectiva, son más una tontería que un mal moral. Porque, ¿de qué me vanaglorio? ¿Qué me he ganado yo por mis propios medios, si todo nos ha sido dado? Incluso en aquellas virtudes donde reconocemos lucha personal y esfuerzo, no hemos hecho más que seguir el impulso del Espíritu Santo, lo cual es, en sí mismo, otro regalo. Definitivamente, todo es gracia.

Una vez más, dicho de este modo suena simple. Entiendo que el orgullo, esa sensación de superioridad con respecto a nuestros hermanos, es algo que todos experimentamos. Nos deleitamos en los halagos que recibimos: "mi hijo goza con sus clases", "profe, ¿nos puede volver a hacer clases usted?" Y entonces, pensamos que el mundo está loco si no nos han postulado al Nobel del mejor profesor del mundo…

No hay que preocuparse, nos pasa a todos. Jesús cuenta con eso, y un remedio muy sano es reírse de uno mismo, a carcaja-

1. Cardona, C. (2002). *Ética del quehacer educativo*. Rialp.

das, porque no podemos ser más divertidos: llenos de defectos e imperfecciones, creyéndonos a veces lo mejor de lo mejor y otras veces (cuando los comentarios van en la dirección contraria) lo peor de lo peor. Riámonos de nosotros mismos, con una risa que no sea burlona, sino comprensiva y profundamente alegre, porque Dios se ríe con nosotros, no de nosotros, y nos recuerda una vez más, "sin Mí no podéis hacer nada". Es tan natural, tan propio de los seres humanos, que estaremos totalmente de acuerdo en lo que decía san Josemaría Escrivá: que la soberbia muere hasta veinticuatro horas después de que nuestro cuerpo esté muerto.

¡Ánimo con eso! Tendremos que estar constantemente rectificando la intención, controlando nuestra imaginación y haciendo el ejercicio de ponernos frente al espejo del alma, en la confiada conversación con Jesús. Al contarle todo, saldrán muchos episodios en los que se asome la vanidad y la soberbia, y con un poco de vergüenza –pero con esa confianza en Él–, nos reiremos de nosotros mismos (qué ridículo soy, qué absurdo, qué humano...) y nos veremos como una criatura, con todas las limitaciones propias de nuestra condición y que además arrastra la herida del pecado. No hay que extrañarse, no es más que nuestra realidad.

7. Testimonios

En una búsqueda sobre testimonios de alumnos que ya mayores recuerdan con cariño y admiración a algún profesor de infancia o juventud, di con tres figuras representativas que nos pueden resultar iluminadoras para el propósito que perseguimos.

Fíjate primero en la del gran escritor Albert Camus (si no has leído alguna novela suya te recomiendo *La peste*, que me consta que vale la pena). Algunos días después de haber recibido el Nobel de Literatura, le dedica estas palabras de gratitud al que fue su profesor durante su etapa escolar:

Querido señor Germain:

Esperé a que se apagara un poco el ruido que me ha rodeado todos estos días antes de hablarle de todo corazón. He recibido un honor demasiado grande, que no he buscado ni pedido. Pero cuando supe la noticia, pensé primero en mi madre y después en usted. Sin usted, la mano afectuosa que tendió al pobre niñito que era yo, sin su enseñanza y ejemplo, nada de esto hubiese sucedido. No es que dé demasiada importancia a un honor de este tipo. Pero ofrece por lo menos la oportunidad de decirle lo que usted ha sido y sigue siendo para mí, y le puedo asegurar que sus esfuerzos, su trabajo y el corazón generoso que usted puso continúan siempre vivos en uno de sus pequeños discípulos, que, a pesar de los años, no ha dejado de ser su alumno agradecido.
Le abrazo con todo mi corazón.
Albert Camus[2]

Mira ahora lo que aparece en un libro sobre Raquel Correa, periodista chilena que gozó de gran prestigio en el mundo político. En una biografía suya, se muestra la influencia que ejerció sobre ella una profesora de Física y Matemáticas:

Sus continuos desórdenes y su timidez hicieron pensar que Raquel Correa no dejaría nunca de ser una alumna del montón, pero una maestra creía lo contrario. Elvira Carrasco de Illanes, profesora de Física y Matemáticas del Colegio Sagrado Corazón (Monjas Inglesas), la increpó durante su clase: –Raquel, por favor pase adelante. La niña se acercó temerosa. Estaba conversando y no había puesto atención en las palabras de la profesora. No sospechaba la enseñanza que recibiría esa tarde. –¿Conoce la parábola de los talentos? Dígasela a sus compañeros. (...) Sonrojada y llena de titubeos logró darse a entender. Cuando terminó, doña Elvira, con una psicología que hoy añorarían muchos

2. Camus, A. (1957). Carta al señor Germain. El país. Recuperado de *https://verne.elpais.com/verne/2017/11/13/articulo/1510568133_324739.html*

pedagogos, sentenció: –Raquel, usted está desperdiciando sus talentos. Es una niña muy inteligente, pero no se esfuerza. Esa frase le cambió la vida[3].

Por último, aunque lo resumiré lo mejor que pueda porque no está dicho en una carta o biografía, sino en un libro –que también te recomiendo vivamente– que se llama *Martes con mi viejo profesor*, Mitch Albom reproduce una serie de conversaciones que sostuvo con el que fue su profesor de Sociología en la universidad, Morrie Schwatz; cuando éste había sido diagnosticado con una enfermedad terminal y le quedaban solo meses de vida. Lo que lo motivó a retomar contacto con él es lo desorientado que se sentía y cómo recordaba las profundas conversaciones que había sostenido con él en su juventud, y lo muy olvidadas que tenía esas reflexiones en su vida. Vuelve a su "entrenador" –como se refería a su querido profesor mientras fue alumno suyo– y, esta vez, como en una segunda oportunidad, las ideas y el ejemplo del antiguo profesor calan profundamente en su alumno, y cambia. Su vida se llena de sentido y logra la paz que no había encontrado nunca.

¿Hay algún elemento en común entre el señor Germain, Elvira Carrasco y Morrie Schwartz? Una posible respuesta –sin arriesgar demasiado– es decir que los alumnos de uno y de otro sintieron el cariño, la confianza que se depositaba en ellos y admiraron a ese que les quiso enseñar. No importaba tanto la materia que enseñaban sino la forma de hacerlo, la exigencia, el prestigio del que gozaron y cómo sus alumnos se sintieron únicos, tratados como personas valiosas, individualizados.

Pienso en tantos y tantos profesores que he tenido en mi vida… Recuerda tú también a esas personas que te enseñaron. ¿Cuál de ellos (quizá hasta más de uno) dejó una huella, un recuerdo im-

---

3. Hott J. y Larraín C. (2001) *Veintidós caracteres*. Aguilar.

borrable en tu mente y corazón? Se lo he preguntado a muchos recientemente y la experiencia de los alumnos cuyos testimonios he recogido aquí se repite, son los mismos denominadores comunes: pasión por lo que enseñaban, un evidente interés por lograr que lo comprendiéramos, sumado a un altísimo concepto de su propia labor docente y a una capacidad de hacer sentir único a cada uno de sus alumnos.

8. Autoridad

¡Qué urgente es hablar de autoridad en los tiempos que corren! Y qué manera de sonar cliché al ponerlo por escrito... Pero tú y yo, que nos dedicamos a educar, somos perfectamente conscientes de la crisis de autoridad que estamos viviendo, y la tremenda y urgente necesidad de que el río vuelva a su cauce. Y, aunque muchos de nosotros no tengamos que ver con políticas públicas ni ministerios, el aporte que podemos hacer desde nuestra sala de clases —y a nivel familiar si eres padre o madre— puede tener alcances insospechados.

¿Qué tipo de autoridad es la que añoramos? La única y verdadera no será la caricatura del autoritarismo, representada por un profesor enojado, impaciente y que da órdenes que se cumplen bajo pena de severos castigos. Tampoco es la idea infantil de hacer de la familia y el aula experimentos de democracia, donde la opinión de cada miembro tiene el mismo peso... Entendemos la autoridad como un servicio, el mejor servicio que un progenitor o profesor puede prestar a los suyos, hijos o alumnos.

Me imagino que has leído o escuchado la clásica distinción entre "la autoridad a secas", que viene dada por nuestra condición de profesor (o papá), y "la que se gana", que es la autoridad moral. Lo habremos experimentado como alumnos, o incluso en nosotros mismos. Pensar que si nos presentamos con cara de pocos amigos frente a un curso con fama de difícil, es suficiente. Puede funcionar en apariencia, y en ese sentido parecer suficiente, para mantener cierto control sobre los alumnos, un aparente orden, silencio y obediencia, pero lo que nosotros necesitamos es mucho más que eso…

Fíjate en lo que dice José Ramón Ayllón, en *10 claves de la educación*, un libro imperdible para nosotros, cuando en el capítulo que dedica a la autoridad nos dice lo siguiente:

> Hay una autoridad moral que se apoya en la sabiduría y el prestigio del educador, y que se encamina a proponer y conseguir modelos y hábitos de conducta. Junto a ella, ha de haber una autoridad intelectual, igualmente necesaria para educar en la búsqueda racional de la verdad[4].

Esta distinción entre autoridad moral e intelectual me parece que a nosotros nos conviene particularmente paladearla un momento.

Nuestra asignatura es difícil. Hay muchos conceptos abstractos, mucho de antropología y algo de metafísica (transubstanciación, unión hipostática…). Al fin y al cabo, varios misterios que el ser humano no puede comprender del todo. Y la tentación puede ser ahorrar ese trabajo intelectual a los alumnos y simplificar la doctrina a lo más elemental. De esta manera, el riesgo reside en concentrarse más bien en propiciar algunas habilidades y actitudes, promover valores... Pero como nosotros pretendemos ser fieles al mensaje del Evangelio y al Magisterio de la Iglesia, no queremos diluir ni aguar la doctrina, menos alterar lo que Jesús nos enseñó. Para eso debemos estudiar, profundizar en nuestros conocimientos, leer lo que tenga que ver con lo que enseñamos, intentar asistir a seminarios y congresos. ¡Es tan distinto enseñar prácticamente

4. Ayllón, J.R. (2009). 10 claves de la educación. Palabra.

todo lo que tenemos, a conocer al menos una parte del pozo profundo que significa cada rama de la teología! Cuando ha habido acceso a mayor profundidad, nos damos cuenta de la densidad y belleza de cada materia y podemos dosificar, según a quién hablamos, cuánto ahondamos. Y, frente a preguntas o inquietudes más complejas, acudimos al pozo, y aunque no salieran esas dudas difíciles, sabemos por qué decimos lo que decimos.

Para llegar al corazón y la mente de nuestros estudiantes, e ir acercándolos a la figura de Jesús para que lo quieran buscar, conocer, tratar y amar; es importante que tengamos autoridad moral e intelectual. Además, debemos generar un clima de apertura, diálogo, así como construir una sana y amable relación entre el profesor y los alumnos, así como entre los compañeros. Y en ese ambiente y con un gran respeto por la libertad personal, te sugiero seguir este consejo de San Juan Pablo II:

> El profesor de religión se preocupará, en consecuencia, por hacer madurar las profundas «preguntas de sentido» que los jóvenes llevan dentro de sí, mostrando cómo el Evangelio de Cristo ofrece una respuesta verdadera y plena...[5].

9. Cariño

Ninguno de nosotros queremos espontáneamente a nuestros alumnos y la diferencia con la paternidad o maternidad nos va a resultar muy ilustrativa. En el caso de los hijos (si no lo has vivido en carne propia, seguro que al menos has sido testigo) el amor que sentimos por ellos es muy visceral, nos brota, fluye a raudales y de

---

5. Discurso del Santo Padre Juan Pablo II a un Simposio Internacional sobre la enseñanza de la religión católica en la escuela.

manera natural. La madre, solo con saber que está embarazada, comienza un diálogo íntimo y amoroso con ese hijo, y ya lo ama con locura. Y los padres, aunque nos cuesta más mientras están en el vientre materno, al verlos nacer sentimos un amor inmenso, único. Lo que recomendamos a otros padres es que hagan de esa pasión un amor reflexivo, que en cada interacción con sus hijos, esas ganas de verlos bien y felices, pase por el filtro de la inteligencia, para no caer en la sobreprotección, en consentir caprichos o educar desde el miedo y ayudarlos a crecer, que es la mejor definición de educar.

A nosotros, los profesores, pienso que nos conviene activar el circuito a la inversa: sabemos intelectualmente que debemos quererlos, respetarlos y cultivar cierta veneración por cada una de esas almas, pero el ejercicio que tenemos que hacer es involucrar al corazón para quererlos bien, tal y como necesitan ser queridos. Evidentemente, no se trata de abrazar ni decir frases cariñosas a los alumnos, sino como dice Carlos Cardona en *Ética del quehacer educativo*, cuando se pregunta por el trato del profesor con sus alumnos:

> La primera aplicación práctica es tratar a cada alumno de modo personalizado. No tratarlo como una fracción de multitud, sino como una persona única e irrepetible. Hay que interpelar directamente su responsabilidad personal. Es claro que eso requiere un trato directo (del profesor, y no sólo del tutor), dedicándole tiempo. Hay que conocer a los alumnos por sus nombres, tener de ellos una visión personal y propia. Eso puede hacerse incluso cuando el auditorio es numeroso: en el modo de dirigirse a todos los alumnos a la vez, se puede lograr una cierta interpelación personal, al menos implícita, si el profesor mismo no pierde de vista que cada alumno es alguien por sí mismo. Se puede así lograr que el alumno salga del anonimato de la masa, que se sienta directa y personalmente interpelado por lo que se dice, por lo que se enseña. Eso se traduce en la mirada, en el gesto, en la expresión del rostro, de mil maneras irreductibles a catálogo[6].

6. Cardona, C. (2002). *Ética del quehacer educativo*. Rialp.

Ahora recuerdo lo que me contaba emocionado un joven profesor de Religión cuando un alumno suyo, de unos doce años, le dijo al salir a recreo: "Gracias profesor, sus clases me animan a ser un poco mejor cada día, a acercarme más a Jesús". ¿Te cabe alguna duda que ese profesor cultivaba un trato amable y respetuoso con sus alumnos?

Conocerlos por sus nombres, mejor el de pila que el apellido, e intentar saber —y actuar en consecuencia— con respecto a las circunstancias de cada uno: acordarse del abuelo enfermo, la dificultad con alguna asignatura, su pasión por algún deporte, su miedo a hablar o a leer en público.

Describo un consejo que recibí hace mucho tiempo —que cada vez que lo pongo en práctica demuestra su eficacia—. En esas primeras semanas en que conocemos un nuevo curso, como es natural, algunos alumnos nos "caen bien" inmediatamente. A veces es muy obvia la razón: la sonrisa constante de una, la espontaneidad y simpatía de otro, la dificultad de aquel…, otras veces no sabríamos explicar por qué. Y al revés también: esa que bosteza tan vistosamente y pregunta la hora quince veces, el de atrás con los brazos cruzados, mirada altiva y desafiante, y otras será "la energía" o como le llamemos. Algo que es normal que nos pase con nuestros propios familiares, ¿cómo no nos va a pasar con niños y adolescentes desconocidos? Y por fin la recomendación: a esos alumnos que nos cuesta más el trato con ellos (a Marta la del bostezo, a Roberto, sí, ese que parece tener escrito un insulto para ti en la frente) vaya doble interés, paciencia, sonrisa y atención. Sin rarezas que puedan parecer ironía y sin caer en la trampa. No es más, ni menos, que hacer vivo el consejo que daba san Juan de la Cruz a una hermana carmelita: "Donde no hay amor, pon amor y sacarás amor".

Rezar por nuestros alumnos es la forma más alta de cariño: recurrir al Único que de verdad los ama como nadie y los puede ayudar. A veces será difícil, por su número, pedir nominalmente por cada uno y en ese caso bastará que pidamos por el 5ºC, el III B. Pero cuando se trata de aquellos que sabemos que están sufriendo, lo mejor es animarse, en algún momento del día –mejor frente a Jesús sacramentado–, después de pedir por los nuestros (familiares y amigos), rezar por cada uno, con sus nombres. Eso es querer a los alumnos. Luego será más fácil transmitir con gestos, por medio de la mirada de la que hemos hablado y las palabras, ese "qué bueno que tú existas", que es la expresión que mejor representa lo que queremos hacer sentir a cada uno de ellos.

Pero, tal como decíamos al principio, para que esa autoridad y ese cariño a los alumnos sea integral, coherente y de fruto; y nuestra clase de religión verdaderamente los interpele y los anime entonces a buscar la Verdad (Cristo), a recorrer el Camino (Cristo) y a tener Vida (Cristo); nuestras clases, nuestra labor debe gozar de prestigio.

10. Prestigio

El prestigio –base o raíz para que esa autoridad y cariño de la que hemos hablado den fruto– se juega en lo más cotidiano, doméstico y técnico de nuestro trabajo. Nos referimos entonces a la planificación de nuestras clases, a la preparación del material que utilizaremos, a nuestra puntualidad, a nuestra corrección en el lenguaje, a la claridad de nuestras instrucciones y explicaciones, a nuestro método de enseñanza (bien pensado, coherente y constante), a nuestras estrategias para el manejo del aula. Todo lo anterior, cuando se trabaja y cuida, transmite a los alumnos –sin que haga falta decirlo– nuestra propia valoración del trabajo que desempeñamos. Aquí nos jugamos "hacer vida" nuestra convicción de que religión es la asignatura más importante del currículum.

Este es el meollo, el sustento, la raíz que distingue al buen profesor. Porque hemos comprobado que no basta con ser el profesor simpático y creativo... Porque, en los testimonios de los profesores que marcan y dejan huella en sus alumnos, la exigencia es un denominador común. Y lo entendemos, porque sabemos que las personas están dotadas de inteligencia y voluntad y, por lo tanto, de una capacidad inmensa. Y sabemos, además, que lo que supere a la capacidad humana, puede permitirlo la gracia de Dios.

Podríamos decir entonces que sabiéndonos verdaderos hijos de Dios, infinitamente queridos por Él, nos exigimos a nosotros mismos y exigimos a nuestros alumnos porque los queremos y confiamos en ellos, por lo que son y lo que pueden llegar a ser. Cerremos este capítulo introductorio con las consoladoras y animantes palabras de nuestro querido papa Francisco a cada uno de nosotros:

El Sol no se apaga durante la noche, se nos oculta por un tiempo por encontrarnos «al otro lado», pero no deja de dar su luz y su calor. El docente es como el Sol. Muchos no ven su trabajo constante, porque sus miras están en otras cosas, pero no deja de irradiar luz y calor a los educandos, aunque únicamente sabrán apreciarlo aquellos que se dignen «girarse» hacia su influjo. Les invitamos a ustedes, profesores, a no perder los ánimos ante las dificultades y contrariedades, ante la incomprensión, la oposición, la desconsideración, la indiferencia o el rechazo de sus educandos, de sus familias y hasta de las mismas autoridades encargadas de la administración educativa. La educación es el mejor servicio que se puede prestar a la sociedad, pues es la base de toda transformación de progreso humano, tanto personal como comunitario. Este sacrificado servicio pasa desapercibido para muchos. Probablemente, ustedes no podrán ver el fruto de su labor cuando éste aparezca, pero estoy convencido de que gran parte de sus alumnos valorarán y agradecerán algún día lo sembrado ahora. No confundan nunca el éxito con la eficacia. En la vida no siempre lo eficaz es exitoso y viceversa. Tengan paciencia, mejor, esperanza. No olviden que la clave de toda obra buena está en la perseverancia y en ser conscientes del valor del trabajo bien hecho, independientemente de sus resultados inmediatos. Sean fuertes y valientes, tengan fe en ustedes y en lo que hacen. Que Dios les bendiga y bendiga su abnegada labor diaria, la mayoría de las veces oculta, silenciosa e inapreciada, pero siempre eficaz y valiosa[7].

7. Vicaría Para la Educación saluda a los profesores en su día. (s/f). Iglesia. cl. Recuperado de *https://www.iglesia.cl/41351-vicaria-para-la-educacion-saluda-a-los-profesores-en-su-dia.html*

II
Planificación

María Luisa Miquel
Colegio San Isidro, 7mo a IV medio
wisamiquel@gmail.com

Leslie Wilson
Colegio Rosa Elvira Matte, SIP, 7 a IV medio
lwilson@sip.cl

¿Te ha pasado que vas a unas vacaciones de ensueño y te has olvidado de llevar tu traje de baño favorito? ¿Vas a cocinar una receta que te encanta y al momento de hacerlo te das cuenta que te faltan dos ingredientes fundamentales? Piensa y recuerda: ¿qué emociones te invaden? ¿Qué trabajo extra conllevan estas situaciones? Si a tu mente han venido emociones como rabia, frustración, desánimo o has recordado que tuviste que dejar de lado la diversión o tu tarea por resolver aquello que no previste, o que experimentaste el demorarse más por conseguir lo que no tenías, estás inmerso en lo que experimenta un docente que no ha planificado su clase.

Llegar a una sala con cuarenta y cinco estudiantes sin planificar lo que harás con ellos es como llegar a la playa sin traje de baño y ver cómo los demás disfrutan mientras tú miras desde lejos sin poder entrar al agua. Es similar también a querer cocinar y, estando a punto de empezar a hacerlo, descubres que no tienes todos los ingredientes. En ambas situaciones no logras ni siquiera empezar a alcanzar tus objetivos. La desazón y la frustración te impiden seguir avanzando. Por lo que creo que estarás de acuerdo con nosotras cuando decimos que planificar es de gran importancia. Saber el qué, cómo, cuándo, a través de qué, etc., no solo permitirán iniciar la tarea y lograr el objetivo propuesto, sino que además ayudarán a disfrutar el proceso.

Ser docente no es solo manejar un contenido específico, sino que es convertirse en un estratega que sabe desarrollar un proceso donde cada detalle requiere una consideración especial; desde el planteamiento de los objetivos de aprendizaje, la elección de recursos efectivos, la adaptación de necesidades individuales de cada estudiante y la evaluación del progreso de los mismos. La planificación es la base de una experiencia pedagógica enriquecedora y productiva, con sentido.

Lograr comprender lo beneficioso de planificar conscientemente nuestras clases, será tan gratificante como usar nuestro traje de baño favorito y disfrutar de las olas del mar en vacaciones. Planificar nuestras clases nos permitirá ser eficientes, gestionar el tiempo, reducir los puntos de incertidumbre, tomar decisiones informadas y responsables, lo que claramente permitirá reducir el estrés ya que navegaremos por aguas seguras.

En este capítulo caminaremos por los beneficios que otorga al docente, y como bien mayor a los estudiantes, el hecho de que una clase esté bien planificada y, en especial, en un mundo contemporáneo donde la exigencia de calidad en la enseñanza es fundamental para la formación de seres humanos con las habilidades requeridas para el siglo XXI. Además, examinaremos el papel de la planificación de clases en la creación de un ambiente de aprendizaje positivo y en la gestión efectiva del tiempo en el aula. También consideraremos cómo la planificación puede ayudar a los educadores a evaluar y mejorar continuamente sus prácticas pedagógicas. En base a todo esto no podemos olvidar que el docente de Religión tiene en sus manos no solo una clase sino también el desarrollo espiritual de sus estudiantes, por lo que no podemos improvisar. Tenemos la gran y enorme responsabilidad de ofrecer una educación religiosa de calidad que sea coherente con los valores y creencias religiosas, que fomente la comprensión y el respeto mutuo, y que proporcione a los estudiantes la oportunidad de explorar y reflexionar sobre cuestiones religiosas y éticas de manera informada y significativa.

En resumen, este capítulo se sumergirá en el mundo de la planificación de clases, destacando su importancia en la educación contemporánea y proporcionando herramientas y perspectivas valiosas para aquellos profesores comprometidos con la mejora continua de la enseñanza y el aprendizaje. A través de un enfoque reflexivo y estratégico en la planificación, podemos allanar el camino hacia un futuro educativo más brillante y más enriquecedor para todos los estudiantes.

Para hacer esto posible, se expondrá la clara tendencia descendente del catolicismo en Chile en los últimos años y la situación actual del profesor de religión en este país. Basadas en estos datos, expondremos algunos de los desafíos que presenta el profesor de religión en la sociedad actual. Luego explicaremos por qué y para qué planificamos y presentaremos una propuesta de estructura de planificación.

1. Religiosidad y docencia en Chile

Según el estudio realizado por Elige Educar[1] en el año 2021, se proyecta que en Chile podrían faltar más de 26 mil docentes idóneos para el año 2025, donde la Enseñanza Media sería la más impactada con un déficit del 32%.

---

1. Elige Educar (2021). Análisis y proyección de la dotación docente en Chile. *Presentación de PowerPoint (eligeeducar.cl)*

Tal como lo muestra el cuadro que se presenta a continuación, donde se expone la proyección de déficit docente por asignatura, podemos evidenciar la preocupante cifra en la asignatura de Filosofía y Religión, donde se proyecta un déficit docente del 62% para el año 2030.

PROYECCIÓN DÉFICIT DOCENTE 2025-2030

Fuente: Elige Educar

NIVEL	ASIGNATURA	2025		2030	
		N	%	N	%
ED. BÁSICA	Enseñanza Básica	-2.754	-5%	-8.278	-15%
ED. MEDIA	Biología, Física, Química	-3.956	-40%	-3.846	-39%
	Lenguaje y Comunicación	-1.678	-18%	-1.513	-16%
	Historia y Geografía	-3.867	-44%	-4.025	46%
	Matemáticas	-2.451	-25%	-2.160	-22%
TRANSVERSALES	Inglés	-1.219	-13%	-1.528	-16%
	Arte y Música	-2.067	-25%	-2.544	-31%
	Educación Física	-190	-2%	-358	-4%
	Educación Tecnológica	-3249	-72%	-3.604	-80%
	Filosofía y Religión	-4.842	-54%	-5.612	-62%
TOTAL		-26.273	-19%	-33.468	-25%

Fuente: Elaboración propia a partir de bases de datos del Centro de Estudios Mineduc, CNED, DEMRE, INE y SIES.

Estas cifras concuerdan con la Encuesta Nacional Bicentenario UC 2022[2] en donde se muestra una clara tendencia a la baja del catolicismo, de un 70% en el 2006 a un 48% en el 2022 y un aumento de los evangélicos y aquellos que no profesan ninguna religión.

---

2. Universidad Católica de Chile (2022). Encuesta Nacional Bicentenario. *Religion-2022.pdf (uc.cl)*

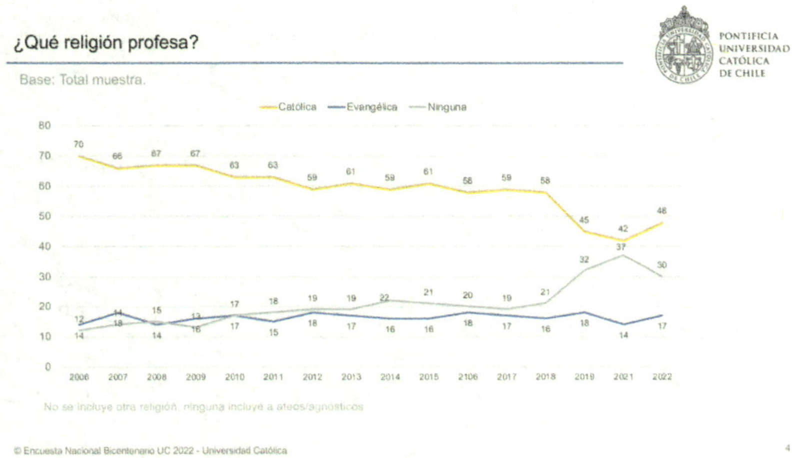

Según el siguiente gráfico, el 41% de los jóvenes entre 18-34 años no se identifican con ninguna religión y solo el 36% con la religión católica.

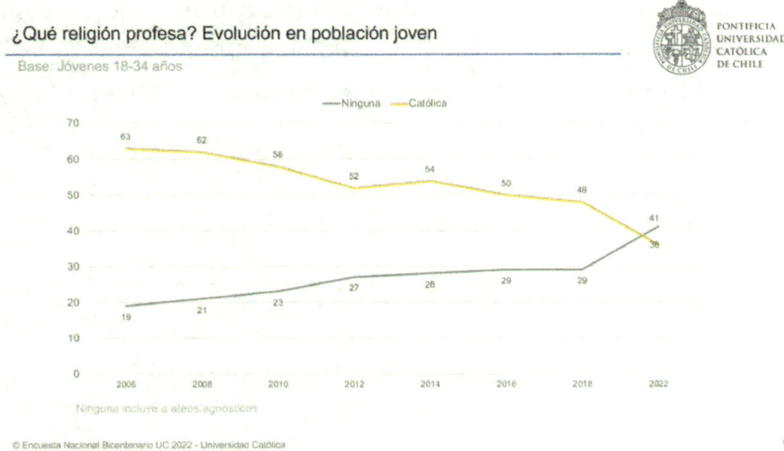

Sin embargo, esto no quiere decir que los jóvenes de hoy hayan dejado de creer y prime el ateísmo, ya que, según la encuesta, el 73% manifiesta creer en Dios y no tener duda de ello.

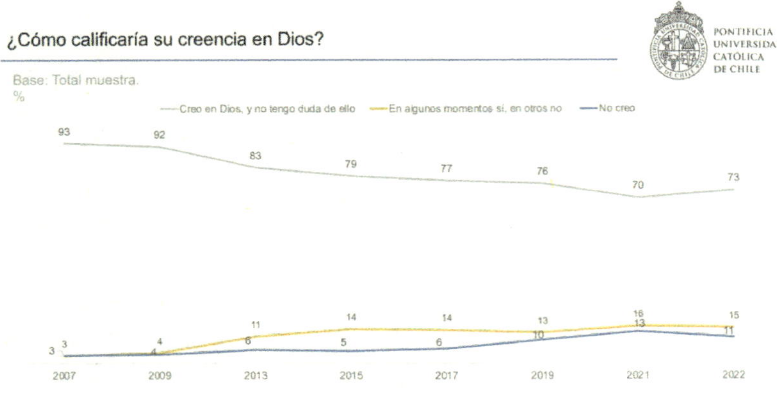

Otro elemento a destacar es la disminución en creencias católicas en comparación a los resultados de esta misma encuesta en 2014, donde se puede ver que la creencia en la "resurrección de los muertos" pasa de un 52% en 2014, a un 45% en 2022. Junto con ello, la creencia en Jesucristo como el verdadero hijo de Dios en 2014 era de un 84%, en cambio en 2022 corresponde a un 75% y, de igual forma, la creencia en los milagros disminuye de un 67% (2014) a un 64% (2022)[3].

---

3. Orellana, Felipe (2023). La religión desde la Encuesta Bicentenario UC. Junio, 2023. *La religión desde la Encuesta Bicentenario UC | Revista Mensaje*. Revista Mensaje.

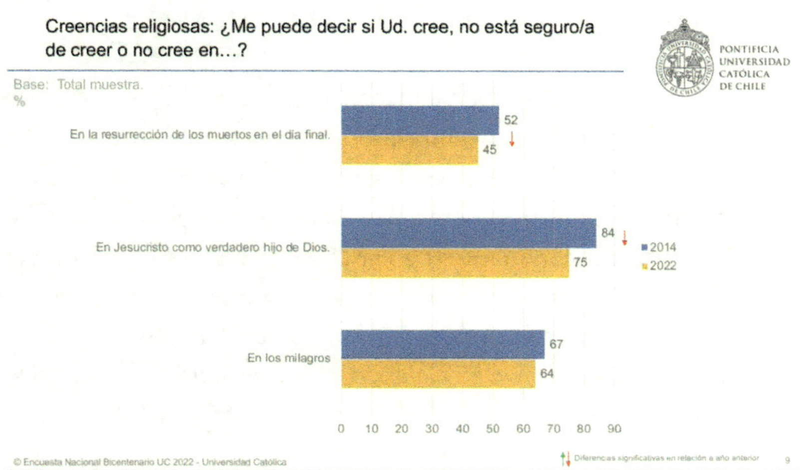

Por otro lado, aumenta la creencia en prácticas heterodoxas como el Karma, de un 27% (2010) a un 59% (2022); las energías localizadas en cosas físicas, de un 39% (2010) a un 46% (2022); el Yoga como práctica espiritual, de un 32% (2010) a un 36% (2022), y la astrología, de un 32% (2010) a un 34% (2022)[4].

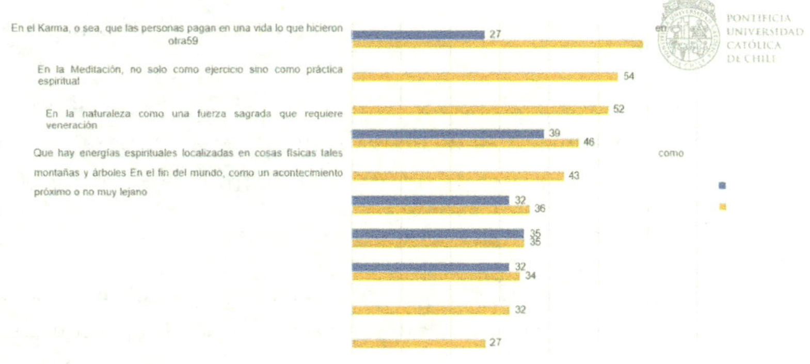

4. Ídem.

2. Desafíos para el profesor de religión en el mundo de hoy

Estas cifras son sólo una pequeña muestra de Chile y el mundo al que nos enfrentamos hoy, un mundo cada vez más secularizado, donde la creencia en Dios es cada vez más prescindible. De cara a ello debemos prepararnos como profesores de Religión, perfeccionándonos y planificando nuestras clases de manera de dar respuesta a las inquietudes de los jóvenes de hoy; jóvenes que exigen respuestas y por eso, hoy más que nunca, el profesor de Religión debe tener una sólida formación en la fe y la doctrina de Jesucristo. Tal como lo menciona el papa Juan Pablo II en su visita a Turín en 1988:

> *¡He aquí un desafío que requiere un compromiso urgente en la tarea educadora. Como maestros y formadores debéis tratar de afrontar con inteligencia creativa estos cambios, que son la situación diaria de vuestro servicio profesional y el ámbito de vuestro testimonio cristiano.* (...) El mundo hoy necesita, por su parte, maestros dotados de un pensamiento fuerte que pueda conducir al hombre a su puesto originario y, por otra, formadores ricos en creatividad para superar la creciente distancia entre la civilización humana y la fe cristiana, y restablecer la alianza entre ciencia y sabiduría (cf. Familiaris consortio, 8). Hará falta enriquecer al mismo tiempo el saber, incitar a la acción solidaria y resucitar la vida interior[5].

Pero la clase de Religión, además de entregar los contenidos propios de la doctrina de la fe, debe propiciar espacios para que los alumnos logren experimentar a Cristo y su amor; pues nadie ama lo que no se conoce:

> Hoy los jóvenes son atraídos por reclamos que les llegan del mundo. Pero también están deseosos de encontrar valores sólidos y perdurables

---

5. SS Juan Pablo II (1988). Visita pastoral a la tierra de san Juan Bosco. Discurso del santo padre Juan Pablo II a los educadores reunidos en la catedral de Turín.

que puedan dar sentido y orientación a sus vidas. El mensaje salvífico del Evangelio deberá decirles dónde pueden encontrar este apoyo y la justa dirección a lo largo del proceso educativo. Cierto que esta misión es comprometida. Requiere de vosotros un doble sentido de responsabilidad: enderezar la conciencia y la experiencia del joven hacia el misterio de Cristo y mostraros vosotros, al mismo tiempo, como verdaderos forjadores de hombres, dotados de un alto sentido de espiritualidad. Esta capacidad de dirigir la mirada a Cristo y este sentido espiritual son el resorte escondido de toda educación y cultura. En esta línea la enseñanza podrá, al mismo tiempo, cultivar el pensamiento, enriquecer la acción y promover la vida interior[6].

La clase de religión está llamada a ser una clase abierta al diálogo, donde los alumnos puedan exponer libremente sus inquietudes y puedan debatir respetando los diferentes puntos de vista, pues, como dice Pascal en su libro Pensamientos N°273: "Si se somete todo a la razón, nuestra religión nada tendrá de misterioso ni de sobrenatural. Si se desprecian los principios de la razón, nuestra religión será absurda y ridícula".

La clase de Religión está llamada a ser una clase adecuada a la realidad de los alumnos, que presente ejemplos actualizados y concretos, que sea aplicable a la vida diaria, que les haga sentido y, al mismo tiempo, tenga la misma exigencia de cualquier otra asignatura, donde se sientan desafiados pero a la vez seguros y acogidos. Así lo manifiesta el académico Doug Lemov: "las aulas son, antes que nada, culturas que impactan en las acciones y creencias de las personas en su interior. Debemos establecer normas prosociales positivas, que valoren el trabajo de los estudiantes y les incentiven a hacer lo que les ayudará a tener éxito y prosperar en la vida"[7].

---

6. Ídem.

7. Lemov, Doug (2022) Enseña como un Maestro 3.0. 63 técnicas de enseñanza para desarrollar aprendizajes de excelencia. Página 31.

Sabemos que la fe no es *trending topic* en los jóvenes de hoy, y es por esto que las clases deben ser atractivas y dinámicas para atraer su atención y transmitirles la alegría y la maravilla de la fe, como nos invita san Juan Pablo II: "¡Por esto, privilegiad la hora de Religión! Dadle prioridad en vuestros cuidados. En ella los jóvenes han de poder encontrar a Cristo y su Evangelio y sentir toda la fascinación de su persona"[8].

Pero, ¿cómo podemos abarcar de manera concreta, eficiente y consciente estos desafíos? La respuesta es sencilla: a través de una buena planificación. Quizás la mera mención de la palabra planificación nos provoca a los profesores un sentimiento de aversión o tedio pues sabemos que no es fácil planificar e implica tiempo que no tenemos.

3. Por qué y para qué planificamos

Entonces, ¿por qué y para qué planificamos? No solamente porque nuestro Jefe de Departamento nos lo exige, sino por una razón que va mucho más allá de cualquier papeleo obligatorio porque, además de ser un requerimiento administrativo, la planificación es una necesidad de la práctica educativa. "Es innegable que planificar forma parte de las actividades cotidianas de educadores y de la institución escolar en su totalidad pero que, frecuentemente, es vivido como algo temido y percibido como una «carga pública», en lugar de ser algo buscado y necesario"[9].

8. Ídem.

9. Aptus (2015). ¿Por qué es importante planificar las clases?. *¿Por qué es importante planificar las clases? - Aptus | Noticias de educación, cultura, arte, formación y capacitación*

Planificar es una tarea tan fundamental en la práctica docente que de ésta depende el éxito o no de la labor docente. En nuestro Currículum Nacional, se define planificación como "un elemento central en el esfuerzo por promover y garantizar los aprendizajes de los estudiantes. Permite maximizar el uso del tiempo y definir los procesos y recursos necesarios para lograr los aprendizajes que se debe alcanzar"[10].

Planificamos para organizar los objetivos que queremos lograr en el año según el tiempo que tenemos, para poder sacar el máximo provecho de cada unidad, de cada clase, así como para obtener evidencias concretas de aprendizaje e ir tomando decisiones pedagógicas y generando ajustes o modificaciones a nuestras clases según las características y necesidades de nuestros estudiantes:

La planificación es, sin duda, uno de los estadios más importantes en el proceso educativo. Es el primer paso para lograr el aprendizaje completo y eficaz de los contenidos que requieren los alumnos. Es más, con una buena planificación los resultados son mucho más previsibles y por ende es un buen augurio para una evaluación satisfactoria[11].

Planificar nos permite también anticiparnos a las posibles inconveniencias que pudiesen surgir a lo largo de la clase, tener en cuenta los posibles errores que podrían cometer los alumnos, los preconceptos erróneos que puedan traer o preguntas que los alumnos pudiesen plantear, y así llegar preparados a todo evento y dejar el menor espacio posible a la improvisación, aprovechando el tiempo de la mejor manera posible:

10. Ministerio de Educación de Chile. Unidad de Currículum y Evaluación. Currículum Nacional. Orientaciones para planificar el aprendizaje. *Orientaciones para planificar el aprendizaje - Curriculum Nacional. MINEDUC. Chile.*

11. Sebastián Ansaldo. Educrea. *La importancia de planificar - Educrea*

Cualquiera sea el formato que se adopte, la planificación escrita permite, entre otras ventajas, organizar el pensamiento de modo coherente y consistente, y respondiendo a una lógica sintáctica y semántica. Al ofrecer una anticipación sistemática, permite reducir la incertidumbre. Todo lo que se planifica, en definitiva, deja energía libre para atender las contingencias e imprevistos que pueden presentarse en el proceso de enseñanza aprendizaje.

En resumen, la planificación de clases es un componente esencial en la enseñanza por varias razones:

1. Organización y estructura. La planificación permite a los profesores organizar y estructurar el contenido de sus clases de manera lógica y secuencial. Esto ayuda a que los estudiantes comprendan mejor los conceptos y puedan seguir el flujo de la enseñanza de manera más efectiva.

2. Claridad en los objetivos. Al planificar, los profesores establecen objetivos claros para cada clase. Saben lo que quieren lograr al final de la clase y cómo van a medir el progreso de los estudiantes. Esto asegura que la enseñanza se enfoque en metas específicas.

3. Optimización del tiempo. La planificación permite aprovechar al máximo el tiempo en el aula. Los profesores pueden asignar el tiempo adecuado a cada actividad y evitar los espacios muertos o pérdidas de tiempo que le quitan seriedad a la asignatura.

4. Adaptación y flexibilidad. Aunque se planifiquen las clases, también es importante dejar espacio para la adaptación y flexibilidad. Los profesores pueden ajustar su enfoque en función de las necesidades y el progreso real de los estudiantes.

5. Inclusión de diversos métodos de enseñanza. La planificación permite a los profesores diversificar sus métodos de enseñanza. Pueden incorporar actividades prácticas, ejemplos

concretos, discusiones en grupo, recursos visuales y tecnología para llegar a una variedad de estilos de aprendizaje.

6. Secuencia lógica. Al planificar, los profesores pueden diseñar una secuencia lógica de contenido. Esto es especialmente importante para asignaturas que se basan en conceptos progresivos, ya que los nuevos conocimientos se construyen sobre los anteriores.

7. Evaluación significativa. La planificación permite a los profesores incorporar evaluaciones significativas en sus clases. Pueden diseñar actividades de evaluación que reflejen los objetivos de aprendizaje y proporcionen información útil sobre el progreso del estudiante.

8. Gestión del comportamiento. Al tener una estructura y expectativas claras, los profesores pueden gestionar mejor el comportamiento en el aula. Los estudiantes son más propensos a estar comprometidos cuando saben qué esperar.

9. Autorreflexión y mejora. La planificación también brinda a los profesores la oportunidad de reflexionar sobre sus prácticas y considerar qué funcionó bien y qué podría mejorarse en futuras clases.

Es decir, la planificación de clases es fundamental para una enseñanza efectiva y eficiente, y ayuda a los profesores a crear ambientes de aprendizajes coherentes, atractivos y significativos para los estudiantes.

Sabemos, sin embargo, que la realidad de los profesores y sobre todo de los de Religión es tomar muchísimos cursos para completar nuestro horario, debido a que nuestra asignatura solo se imparte dos horas a la semana. Muchos de ustedes tendrán entre siete y trece cursos, ¡y en varios niveles! Además de esto, contamos con muy poco tiempo para planificar cada una de esas clases. Si tenemos suerte, contaremos con un régimen de tres a uno (tres horas de clases por una de planificación), contando con solo quince minutos para planificar y generar el material para cada clase; lo que sabemos que es absolutamente insuficiente si queremos presentarnos bien preparados y con buen material.

Todo esto considerando, además, que tenemos un porcentaje no menor de profesores de religión que no cuenta con formación universitaria en la materia o que no cuentan con el tiempo para perfeccionarse, y que carecen de una formación pedagógica y doctrinal actualizada que es vital para poder dar respuesta a las inquietudes y necesidades de los jóvenes de hoy.

4. Estructura de una buena planificación

Antes de pensar en planificar una clase, debemos tener muy claro qué contenidos queremos enseñar a nuestros alumnos en el año y cómo queremos que los aprendan. Es importante desarrollar la "planificación a la inversa" o también conocida como *reverse planning*. Esta comienza teniendo el objetivo final en mente, lo que permite desarrollar todos los pasos necesarios para alcanzarlo. Un componente crucial de este proceso es la evaluación de la unidad, que nos permitirá determinar qué debemos enseñar y cómo debemos enseñarlo para lograr la meta. Es fundamental que la planificación esté alineada de principio a fin y, para ello, debemos determinar las directrices a seguir, realizando previamente una organización curricular anual con los objetivos a lograr a lo largo del curso. Esto nos permitirá tener una visión general de lo que queremos que los alumnos aprendan.

Una vez realizada, es recomendable dividir esta organización curricular en unidades de enseñanza, y asignarle a cada una de ellas un objetivo general desde el cuál se puedan desprender los objetivos de cada clase. Teniendo esto claro, podemos entonces adentrarnos en la planificación clase a clase, para lo cual presentaremos una estructura de planificación que incorpora elementos utilizados en el Programa de Pedagogía Media en Religión (PMR) en la Universidad de los Andes y la Potenciadora Educacional Aptus, que consideramos fundamentales a considerar en el momento de planificar una clase.

Cada una de las clases deberá estar estructurada de la misma manera; donde se presenta primero el nombre de la unidad y su objetivo de aprendizaje, luego tema de la clase y su objetivo de aprendizaje, del cual se desprenderán sus indicadores de evaluación. Éstos últimos serán claves para evaluar el cumplimiento del objetivo de la clase y nivel de éxito alcanzado por los alumnos. Es de gran importancia que frente a cada clase los indicadores de evaluación estén asociados a la respuesta ejemplar que el estudiante debe lograr. Esto nos permitirá dos cosas: primero, establecer un alto estándar alcanzable por los estudiantes y, en segundo lugar, proporcionar datos relevantes para planificar la reenseñanza de lo que el grupo curso no ha logrado incorporar del objetivo y contenidos trabajados.

En este momento de la planificación, el docente debe tener claro qué estará haciendo él o ella y qué deben estar haciendo los estudiantes en cada momento de la clase, con el único objetivo de utilizar al máximo el tiempo y proporcionar las oportunidades de aprendizaje del estudiante en cada momento de la clase.

Como se puede apreciar, cada uno de estos pasos se desprenden uno del otro: de los objetivos de la unidad el objetivo de la clase, y de éstos los indicadores de evaluación. De esta manera se le da coherencia a la planificación, donde el objetivo de la clase es el punto de inicio y punto final de la clase, pues se inicia con él y se finaliza comprobando el éxito o fracaso de su cumplimiento.

La clave del éxito de una planificación de clase está en el planteamiento del objetivo, por lo que debe estar cuidadosamente planteado para que sea efectivo. Es preciso velar por que sea un objetivo que cumpla con las siguientes características: que sea medible (que se pueda evaluar de manera concreta y evidente si éste se ha cumplido al final de la clase), que sea específico (que sea claro en cuanto a los conceptos y habilidades que se quieren lograr), que sea alcanzable y desafiante a la vez para los alumnos (que el tiempo de clases sea el suficiente para alcanzar el objetivo y que éste no sea ni muy simple ni muy complejo, sino que adecuado al nivel de los alumnos) y, por último, que esté alineado al objetivo de aprendizaje de la unidad.

Una vez cuidadosamente planteado el objetivo de la clase, y previo a adentrarnos en el desarrollo mismo de la clase, debemos determinar cómo evaluaremos este objetivo, pues esa evaluación nos marcará nuestra meta, nuestro punto de llegada, aquello que queremos que nuestros alumnos aprendan. Esta evaluación nos permitirá evidenciar si efectivamente se cumplió el objetivo planteado y tomar decisiones pedagógicas al respecto.

A continuación, presentamos un esquema que resume los pasos para una buena planificación:

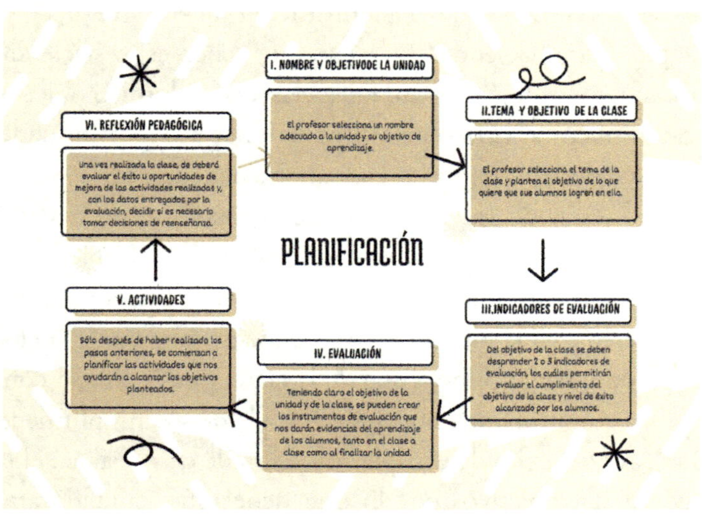

5. Momentos de la clase

Sabemos que toda clase se divide en tres momentos: inicio, desarrollo y cierre. A continuación, presentaremos cada uno de estos momentos con los elementos imprescindibles para que una clase sea exitosa.

5.1. Inicio

Es en este momento de la clase donde se recogen los conocimientos previos de los estudiantes, los cuales son sumamente importantes para tomarlos como punto de partida para el nuevo aprendizaje. Es aquí donde nos jugamos la disposición y actitud que tendrán nuestros estudiantes en nuestra clase, es por eso que debemos expresarles expectativas claras y presentarles, de manera motivante y desafiante, el objetivo de la clase. Solo si logramos despertar el interés de nuestros alumnos y conectar el contenido nuevo con aprendizajes y experiencias anteriores, lograremos facilitar el traslado de esa nueva información a la memoria a largo plazo y generar aprendizajes significativos. Es por esto que se recomienda proponer inicios de clases diversos: con juegos, videos y rutinas de pensamiento visible. Además, es de gran importancia incorporar alguna estrategia de desarrollo emocional, lo que puede conducir a desarrollar un ambiente de aprendizaje saludable y efectivo, ya que permitirá mejorar el clima del aula, las relaciones interpersonales y desarrollo de habilidades para la vida, además de proporcionar un clima seguro de aprendizaje al ir desarrollando confianza en el grupo.

El inicio de una clase es un momento crucial para establecer un tono positivo, captar la atención de los estudiantes y prepararlos para el aprendizaje. Aquí hay algunos elementos importantes a considerar al planificar el inicio de una clase:

1. Saludo y bienvenida. Saludar a los estudiantes de manera amable y cálida ayuda a crear un ambiente positivo y acogedor.

2. Oración. Todas las clases de religión deberían comenzar dando un espacio para la oración; algo que no se le puede olvidar a un profesor de religión es iniciar sus clases invitando al protagonista de la asignatura.

3. Verbalizar expectativas. Planificar y verbalizar las expectativas de comportamiento que se espera de los estudiantes. Los estudiantes son más propensos a estar comprometidos cuando saben qué esperar. Fomentar un ambiente de respeto mutuo y colaboración desde el principio, instalando una cultura del error[12]. Esto contribuye a un clima de aprendizaje más efectivo.

4. Recoger conocimientos previos. Es fundamental traer a la mente lo aprendido la o las clases anteriores de manera de poder luego conectar aquello con el nuevo contenido de la clase. Se propone realizar esto a través de la técnica 20 de Lemov: *Hacer Ahora*[13] , la cual debe tener las siguientes características:

   - Las instrucciones son concretas y simples, y no requiere más indicaciones del docente.

   - La actividad debe tomar alrededor de cinco minutos para completarse y debe requerir usar lápiz y papel. Es decir, debe tener un resultado escrito.

   - Corregir en el momento y entregar el feedback necesario.

---

12. Lemov, Doug (2022) Enseña como un Maestro 3.0. 63 técnicas de enseñanza para desarrollar aprendizajes de excelencia, p. 132.

13. Ídem, p. 223.

5. Estímulo inicial. Puede ser una pregunta provocativa, un video o una actividad breve que capte la atención de los estudiantes y los involucre desde el principio de manera de introducir el tema y objetivo de la clase.

6. Anuncio del tema y objetivo de la clase. Indicar cuál será el tema y el objetivo de la clase ayudará a los estudiantes a comprender lo que van a aprender y lo que se espera que alcancen al final de la clase. Explicar de manera breve y explícita el objetivo de la clase, conectándolo con lo que realizarán en la clase.

7. Contexto y relevancia del objetivo. Conectar el contenido de esta clase con las anteriores y con las que están por venir, explicando por qué el contenido de esta clase es importante y así lograr que los alumnos valoren el sentido de aprender lo que se propone.

8. Agenda de la clase. Presentar cómo se desarrollará el objetivo a lo largo de la clase a través de la agenda, asociando los momentos de esta con las acciones que realizan los estudiantes.

9. Revisión de materiales. Si hay materiales específicos (libros de texto, lecturas, etc.) que se utilizarán en la clase, mencionarlo y asegurarse de que los estudiantes cuenten con ellos.

5.2. Desarrollo

Hoy más que nunca se necesitan profesores de Religión bien instruidos, con autoridad del saber para poder dar respuestas a los alumnos, respuestas concretas (en la medida de lo posible), firmes y claras, que permitan ir despejando dudas en los alumnos y sembrando seguridades. Profesores que estén empapados de Dios tanto espiritualmente como en su conocimiento de la doctrina.

Debemos transmitir a los alumnos que la Religión no es solo un sentimiento, sino que tiene fundamentos históricos profundos que pueden explicar gran parte de las preguntas que nos hacemos hoy sobre nuestra fe, nuestros ritos y tradiciones.

Es por esto que en esta parte de la clase presentamos materiales diversos de apoyo al profesor: ejemplos aplicados a la vida diaria de los estudiantes, extractos de textos magisteriales, lecturas bíblicas y actividades que permitan reforzar los conocimientos, aplicarlos a diferentes contextos y los lleven a la reflexión.

En este mismo sentido, es de gran importancia incorporar lo "lúdico" a nuestras planificaciones debido a los beneficios que esto conlleva a nivel cognitivo, como lo dice Carlos Alberto Jiménez Vélez en su libro *La inteligencia lúdica: juegos y neuropedagogía en tiempos de transformación*[14]: "todo juego implica acción mental y corporal, toda acción produce computación por lo que el juego se vuelve cognitivo… el juego permite un funcionamiento multineuronal que utiliza el neo-cortex frontal donde el sujeto selecciona, evalúa, predice y se adapta o viola reglas".

Algunos elementos importantes a considerar para asegurarse que el aprendizaje sea efectivo y significativo:

1. Estructura clara. Organiza el contenido de manera lógica y secuencial. Divide la clase en secciones o etapas claramente definidas donde existan espacios de exposición del contenido, de práctica guiada (modelaje) y práctica independiente, facilitando que los estudiantes ensayen y demuestren lo aprendido en clases.

2. Explicación efectiva del contenido nuevo. Para que una explicación resulte efectiva debemos tener en cuenta que la memoria de trabajo se sobrecarga con facilidad y ope-

---

14. Jímenez Vélez, C., Alvarado, L. y Dinello, R. (2000). *Recreación Lúdica y Juego*. Bogota, Colombia: Cooperativa Editorial Magisterio.

ra mejor con pequeñas cantidades de contenido nuevo. Dado esto, es importante que trabajemos con definiciones claras y acotadas, estableciendo una organización lógica entre las ideas, facilitando la construcción de esquemas cuando el contenido lo amerite e incluyendo ejemplos cuando sea necesario. Pasos prioritarios de este momento:

- Utilizar dos o más ejemplos concretos e idealmente cercanos a la vida cotidiana de los estudiantes, relacionados con el contenido nuevo, que permitan a los estudiantes identificar patrones para luego generalizar o abstraer lo más importante. Muestra cómo los conceptos se aplican en situaciones del mundo real para que los estudiantes vean su relevancia.

- Presentar definiciones claras y rigurosas con la disciplina, alineadas al o los objetivos de clase, que faciliten en los estudiantes identificar y nombrar las generalizaciones, abstracciones y conceptos presentes en los ejemplos.

- Organizar y relacionar las definiciones con otros contenidos de la unidad o asignatura, para que los estudiantes establezcan relaciones más allá de la clase y desarrollen un orden mental apropiado.

- Preparar una explicación acotada, clara y en pequeños pasos mediante un guion o pauta para que los estudiantes puedan procesar la información sin sobrecargar su memoria de trabajo y puedan recuperar lo que ya saben (memoria a largo plazo) mediante ejemplos y otros conceptos aprendidos.

3. Variedad de métodos. Utilizar una variedad de métodos es muy enriquecedor para el aprendizaje y Lemov nos propone muchos recursos que podemos utilizar en este momen-

to de la clase: lecturas, discusiones en grupo[15], todos escriben[16], ejemplos prácticos, actividades prácticas, recursos visuales, gira y discute[17], tecnología, entre otros, de manera de atender a diferentes estilos de aprendizaje.

4. Participación activa. Fomentar la participación activa de los estudiantes a través de preguntas, discusiones, ejercicios interactivos y debates. Aquí Lemov también propone varias técnicas como: Mostrar a todos[18], extiéndelo[19], preguntas sin aviso[20] y otros medios de participación[21].

5. Verifique la comprensión, tanto de instrucciones como de conceptos, pidiéndole a un alumno que repita lo que acaba de señalar. Esto tiene un doble efecto positivo: el alumno se ve en la necesidad de recurrir a su memoria y repasar lo dicho por el profesor y, además, es una manera de repetir las instrucciones para aquellos que no lograron captarlas en su totalidad.

6. Feedback continuo. Proporcionar retroalimentación constante a medida que avanza la clase. Esto puede incluir correcciones, elogios precisos[22] y orientación sobre el progreso. Reforzar expectativas de comportamiento, describiendo lo que hacen bien los estudiantes.

7. Flexibilidad. Si surgen oportunidades de aprendizaje inesperadas o preguntas interesantes de los estudiantes, de-

15. Lemov, Doug (2022) Enseña como un Maestro 3.0. 63 técnicas de enseñanza para desarrollar aprendizajes de excelencia, p. 454.
16. Ídem, p. 390.
17. Ídem, p. 430.
18. Ídem, p. 143.
19. Ídem, p. 191.
20. Ídem, p. 338.
21. Ídem, p. 369.
22. Ídem, p. 585.

bemos ser flexibles para desviarnos de nuestro plan original. Recordemos que la interacción con los estudiantes, la adaptación y la atención a sus necesidades son esenciales para una enseñanza efectiva. Adaptar estos elementos a nuestro estilo y al contenido específico que estamos enseñando puede marcar una gran diferencia en la experiencia de aprendizaje de nuestros estudiantes. Debemos estar siempre abiertos al cambio, al perfeccionamiento de estas según varíen las circunstancias o características del grupo, o según la retroalimentación y las evidencias que se vayan recogiendo con las distintas herramientas de evaluación, de manera de ir corrigiendo sobre la marcha aquellos puntos sobre los que sea pertinente efectuar cambios para lograr un mejor aprendizaje en los alumnos. Hay que recordar que una planificación es eficaz cuando el alumno aprende, por esto, no basta con planificar sino es muy importante la comprobación del aprendizaje.

5.3. Cierre

El cierre de las clases es clave, es el momento donde los alumnos podrán evidenciar cuánto aprendieron y hacer una rápida recapitulación de los temas centrales de la clase. Es el momento en que se demuestra la coherencia de nuestra planificación, pues se vuelve a tomar el objetivo y se evalúa según los indicadores de evaluación especificados al inicio de la planificación. En general, la mayoría de nuestras planificaciones son cerradas con un ticket de salida[23]; el cuál ha sido elaborado al momento de plantear el objetivo de la clase pues lo que se quiere es planear nuestra clase de acuerdo a nuestro objetivo y no al revés. Es por esto que los tickets de salida

---

23. Ídem, p. 273.

apuntan directamente a los indicadores de logro de la clase. Son de respuestas cortas y de rápida corrección, de manera que el profesor pueda obtener datos concretos del aprendizaje de sus alumnos de manera rápida y concreta y utilizar esta información para tomar decisiones pedagógicas basadas en datos. El análisis de estos permitirá reflexionar y mejorar la enseñanza y el aprendizaje.

Para lograr un buen análisis de los tickets de salida es importante recordar, como lo mencionamos anteriormente, el tener la respuesta ejemplar, es decir, qué debe responder el estudiante que demuestra que ha alcanzado el objetivo de la clase. Luego de esto y en relación al análisis de los datos que obtengamos de sus respuestas recomendamos dos técnicas que permiten volver y permitir que todos los estudiantes logren dominar el objetivo, estas son entregadas por el autor Doug Lemov en su libro *Enseña como un maestro 2*.0 en los apartados "Modelaje" y "Discurso guiado".

Es un momento también para resumir los puntos clave de la lección, reforzar los objetivos de aprendizaje y brindar a los estudiantes una idea de lo que pueden esperar en la siguiente clase, reflexionando sobre lo que han aprendido y cómo les ha ayudado. El cierre de la clase no solo ayuda a consolidar el aprendizaje, sino que también proporciona un sentido de cierre y de conclusión a la experiencia de aprendizaje.

De todos modos, por muy planificada que tengamos nuestra clase, es poco lo que vamos a lograr si es que en nuestras clases, con nuestro ejemplo, no logramos transmitir el entusiasmo y la alegría de ser cristiano, pues no hay mejor enseñanza que la que se hace a través del ejemplo. Así lo menciona el Papa Juan Pablo II en Turín:

¡Qué gran exigencia la del educador para poder convencer a cada uno de sus discípulos de que están llamados a la santidad! Preocupaos, pues, de hacer también visible el Evangelio en vuestra vida cotidiana. Sólo así

podréis tener un influjo evangélico que implique a los alumnos a los que instruís[24].

6. Reflexiones finales

Al repasar la motivación de este capítulo nos sumergimos en la necesidad de comprender la importancia de nuestro rol, los desafíos que conlleva y la necesidad urgente de hacer todo lo que esté en nuestras manos para que nuestras clases sean lo más provechosas posible, sobre todo en un mundo que se ha ido alejando de Dios y quizás, serán nuestras clases, el único espacio de evangelización de nuestros alumnos.

Sabemos que enfrentamos una situación en la cual el docente actual de Religión se enfrenta a una serie de desafíos y oportunidades, donde necesitamos equilibrar las diferentes creencias en el aula y la enorme responsabilidad de fomentar el respeto por las diversas creencias y culturas. En muchos casos, la formación específica en educación religiosa y la disponibilidad de recursos educativos pueden ser limitadas. Sin embargo, los docentes de religión desempeñan un papel crucial en la promoción de valores éticos, la reflexión espiritual y la comprensión de la diversidad religiosa en un mundo cada vez más pluralista, por lo que uno de sus principales desafíos es la necesidad de adaptarse a la diversidad religiosa y cultural en las aulas, equilibrando la promoción de valores éticos y religiosos con la necesidad de mantener la objetividad y el respeto por las creencias individuales, sumándose a ello la urgente necesidad de capacitarse para enfrentar la búsqueda de respuestas de los estudiantes de nuestra era.

24. SS Juan Pablo II (1988). Visita pastoral a la tierra de san Juan Bosco. Discurso del santo padre Juan Pablo II a los educadores reunidos en la catedral de Turín.

De esta realidad tan desafiante es que la planificación se convierte en nuestra brújula, la que nos llevará a navegar y disfrutar de la labor que desempeñamos. Es esta brújula la que proporciona dirección y estructura a la enseñanza. Permite a los docentes establecer metas claras de aprendizaje y seleccionar estrategias pedagógicas efectivas, anticipar y abordar posibles desafíos en el aula. En resumen, planificamos para crear experiencias de aprendizajes significativas y efectivas que ayuden a los estudiantes a alcanzar sus objetivos educativos y desarrollar habilidades valiosas para la vida.

Por todo lo anterior, debemos tener en cuenta que una buena planificación implica definir objetivos de aprendizaje claros y medibles, trazar una secuencia lógica de contenidos, estrategias pedagógicas apropiadas y actividades participativas que involucren a los estudiantes. Además, la adaptación a las necesidades individuales de los estudiantes, la evaluación efectiva y la retroalimentación son elementos críticos de una planificación sólida. La planificación también debe ser flexible y permitir la adaptación según sea necesario. En resumen, una buena planificación es esencial para el éxito de la enseñanza y el aprendizaje, ya que una clase de religión bien planificada va más allá de la mera transmisión de conocimientos religiosos y éticos. Proporciona a los estudiantes una educación integral que enriquece su vida en muchos aspectos y los prepara para enfrentar los desafíos del mundo con comprensión, respeto y responsabilidad basada en el evangelio de Jesucristo, como maestro por excelencia.

Para disfrutar de la experiencia de planificar como si llegásemos a esa playa con todo lo que hará de nuestra estadía un momento inolvidable, planificar será nuestra garantía. Los invitamos pues a profundizar en esta habilidad docente para que educar según Jesucristo sea tan gratificante como abrazar la fe que nos mueve el corazón.

III

¿Cómo acercarse a la Sagrada Escritura? Leer la Biblia, nuestro punto de partida

Carolina Martínez B.
Colegio Los Andes
cmartinez@colegiolosandes.cl

*Como la lluvia y la nieve
descienden de los cielos y no vuelven allá,
sino que riegan la tierra, la fecundan, la hacen germinar
y dan simiente al sembrador
y pan a quien ha de comer,
así será la palabra que sale de mi boca:
no volverá a mí de vacío,
sino que hará lo que Yo quiero
y realizará la misión que le haya confiado.
(Biblia de Navarra, 1997-2016, Is 55:10-11)*

*La palabra de Dios es viva y eficaz,
y más cortante que una espada de doble filo:
entra hasta la división del alma y del espíritu,
de las articulaciones y de la médula,
y descubre los sentimientos y pensamientos del corazón.
(Hb 4:12)*

La mejor manera de comenzar este capítulo es tomarse unos minutos para releer las citas iniciales. Contemplar delicadamente las palabras… y dejarse sorprender por la Palabra.

Como dice la *Dei Verbum,* uno de los documentos principales del Concilio Vaticano II, la Sagrada Escritura es "alimento del alma, fuente pura y perenne de vida espiritual" (#21)[1]. Pero si es así, ¿por qué nos acercamos poco a ella? ¿Por qué se nos hace difícil entrar en la Biblia? ¿Por qué a veces nos parece que hay una barrera entre la Biblia y mi vida, entre la Biblia y mis clases?

Este capítulo no está dedicado a la inclusión de las Sagradas Escrituras en nuestras clases, sino al paso anterior: incluir la Biblia como parte de mi lectura habitual, cotidiana, como parte de mi vida. Solo así resultará natural abrir la puerta de mi aula a la Palabra y hacer ver a mis alumnos que la Palabra está también a su puerta y llama (Ap 3:20).

Para empezar, haré una pequeña referencia a algunas enseñanzas de los últimos papas. No se trata de un resumen de su magisterio sobre la Sagrada Escritura, sino algunos puntos que pueden ser útiles para este capítulo.

---

1. Vale la pena leer el punto completo: "La Iglesia ha venerado siempre las Sagradas Escrituras al igual que el mismo Cuerpo del Señor, no dejando de tomar de la mesa y de distribuir a los fieles el pan de vida, tanto de la palabra de Dios como del Cuerpo de Cristo, sobre todo en la Sagrada Liturgia. Siempre las ha considerado y considera, juntamente con la Sagrada Tradición, como la regla suprema de su fe, puesto que, inspiradas por Dios y escritas de una vez para siempre, comunican inmutablemente la palabra del mismo Dios, y hacen resonar la voz del Espíritu Santo en las palabras de los Profetas y de los Apóstoles. Es necesario, por consiguiente, que toda la predicación eclesiástica, como la misma religión cristiana, se nutra de la Sagrada Escritura, y se rija por ella. Porque en los sagrados libros el Padre que está en los cielos se dirige con amor a sus hijos y habla con ellos; y es tanta la eficacia que radica en la palabra de Dios, que es, en verdad, apoyo y vigor de la Iglesia, y fortaleza de la fe para sus hijos, alimento del alma, fuente pura y perenne de la vida espiritual. Muy a propósito se aplican a la Sagrada Escritura estas palabras: "Pues la palabra de Dios es viva y eficaz" (Hb 4:12), "que puede edificar y dar la herencia a todos los que han sido santificados"(Hch 20:32; cf. 1Ts 2:13)" (Dei Verbum, #21).

Luego hago mi propuesta alrededor de estas breves consideraciones: ¿Cómo escoger una Biblia? ¿Cómo acercarse al Antiguo Testamento? ¿Cómo acercarse al Nuevo? Y unas palabras conclusivas sobre la *lectio divina* como motivación para incorporar la lectura orante de la Escritura en la propia vida. Incluyo también tres anexos que complementan e ilustran los aspectos principales del capítulo.

1. Benedicto XVI. La Palabra de Dios en la vida y en la misión de la Iglesia

El papa Benedicto XVI propuso como tema para el Sínodo de los Obispos del año 2008 "La Palabra de Dios en la vida y en la misión de la Iglesia", luego del cual publicó la exhortación apostólica *Verbum Domini* (30-IX-2010).

En sus intervenciones en el sínodo explicaba que se han hecho grandes avances en el estudio de la Escritura desde una perspectiva histórico-crítica, a los que no podemos renunciar, particularmente si se considera que nuestra fe se funda en un hecho histórico único: "el Verbo se hizo carne y habitó entre nosotros" (Jn 1:14). Sin embargo, llama a ir más allá de la consideración meramente científica o histórica del Texto Sagrado, pues se corre el riesgo de que la Biblia se convierta en un libro que habla solo del pasado y que no tiene nada que decir a la vida del hombre de hoy (Benedicto XVI, 2008b).

En la meditación que pronunció durante el desarrollo del Sínodo (2008c), proponía adentrarse en la Escritura "no sólo con el intelecto, sino *con toda nuestra existencia*", porque la verdadera lectura de la Biblia implica el movimiento de toda la persona: "Solo cuando nos *conformamos* al misterio de Dios, al Señor que es la Palabra, podemos entrar en el interior de la Palabra, podemos encontrar verdaderamente en palabras humanas la Palabra de Dios".

Esto implica reconocer la Escritura como la realidad más profunda y verdadera, y verla como lo que es, Palabra de Dios dirigida a cada uno, fundamentados en la realidad de que el mismo Espíritu Santo que la inspiró, sigue inspirando en nosotros –en cada cristiano– su actualización.

Por último, en la homilía de la Misa conclusiva del Sínodo, destacaba la importancia que la lectura de la Biblia sea *in Ecclesia*:

> El encuentro con la Escritura a menudo corre el riesgo de no ser "un hecho" de Iglesia, sino que está expuesto al subjetivismo y a la arbitrariedad, resulta indispensable una *promoción pastoral intensa y creíble del conocimiento de la Sagrada Escritura*, para anunciar, celebrar y vivir la Palabra en la comunidad cristiana, dialogando con las culturas de nuestro tiempo, poniéndose al servicio de la verdad y no de las ideologías del momento e incrementando el diálogo que Dios quiere tener con todos los hombres (cf. DV, #21). (2008a)

2. Francisco: Amor vivo y suave por la Palabra de Dios escrita

El Papa Francisco tiene dos documentos importantes en relación con la Sagrada Escritura:

- *Aperuit Illis.* Carta apostólica en forma de *"motu proprio"* con el que viene instituido el Domingo de la Palabra de Dios. (30-IX-2019)
- *Scripturae Sacrae Affectus.* Carta apostólica en el XVI centenario de la muerte de san Jerónimo. (30-IX-2020)

Ambos fechados en la fiesta de san Jerónimo. Precisamente, será de san Jerónimo de quien afirma que ha dejado como herencia a la Iglesia "un amor vivo y suave por la Palabra de Dios escrita" (Scripturae Sacrae Affectus, parr.1). Él mismo afirmaba que desconocer las Escrituras equivalía a desconocer a Cristo y por ello conocerlas es vital para comprender nuestra identidad y misión: "sin la Sagrada Escritura, los acontecimientos de la misión de Jesús y de su Iglesia en el mundo permanecen indescifrables" (Aperuit Illis, #1).

Francisco afirma que la Escritura tiene una dimensión dinámica a través de la cual nos comprendemos como pueblo de Dios superando el individualismo sectario. Nos comprendemos más profundamente como pueblo de Dios en la medida en que conocemos nuestras raíces, nuestra historia, nuestro lugar en el mundo y en el plan salvífico de Dios (AI, #4).

De aquí se desprende la fuerte necesidad de hacer accesible la palabra de Dios a la propia comunidad, ¡y en primer lugar a nosotros mismos! La cita a continuación la dirige a los catequistas, pero puede perfectamente aplicarse a nosotros, profesores de religión:

> Es bueno que también los catequistas, por el ministerio que realizan de ayudar a crecer en la fe, sientan la urgencia de renovarse a través de la familiaridad y el estudio de la Sagrada Escritura, para favorecer un verdadero diálogo entre quienes los escuchan y la Palabra de Dios. (AI, #5)

Y más adelante explica la razón de la urgencia:

> Nos urge la necesidad de tener familiaridad e intimidad con la Sagrada Escritura y con el Resucitado, que no cesa de partir la Palabra y el Pan en la comunidad de los creyentes. Para esto necesitamos entablar un constante trato de familiaridad con la Sagrada Escritura, si no el corazón queda frío y los ojos permanecen cerrados, afectados como estamos por innumerables formas de ceguera. (…)
> Jesucristo llama a nuestra puerta a través de la Sagrada Escritura; si escuchamos y abrimos la puerta de la mente y del corazón, entonces entra en nuestra vida y se queda con nosotros. (AI, #8)

Sin embargo, el papa se hace cargo de que no es fácil "entrar" en la Biblia, para lo que se requiere estudio sincero:

Muchos, incluso entre los cristianos practicantes, declaran abiertamente que no saben leer (cf. Is 29,12), no por analfabetismo, sino porque no están preparados para el lenguaje bíblico, sus modos expresivos y las tradiciones culturales antiguas, por lo que el texto bíblico resulta indescifrable, como si estuviera escrito en un alfabeto desconocido y en una lengua poco comprensible.

(…) se debe promover una formación extendida a todos los cristianos, para que cada uno sea capaz de abrir el libro sagrado y extraer los frutos inestimables de sabiduría, esperanza y vida [cf. DV #21]. (SSA, parr. 32.36)

Y con su sentido pastoral y concreto que le es tan propio, da consejos prácticos muy útiles para concretar el acercamiento a la Biblia. Así aconsejaba en la homilía del Domingo de la Palabra de Dios del año 2021:

Por esto, queridos hermanos y hermanas, no renunciemos a la Palabra de Dios. Es la carta de amor escrita para nosotros por Aquel que nos conoce como nadie más. Leyéndola, sentimos nuevamente su voz, vislumbramos su rostro, recibimos su Espíritu. La Palabra nos acerca a Dios; no la tengamos lejos. Llevémosla siempre con nosotros, en el bolsillo, en el teléfono; démosle un sitio digno en nuestras casas. Pongamos el Evangelio en un lugar donde nos recordemos abrirlo cada día, si es posible al inicio y al final de la jornada, de modo que entre tantas palabras que llegan a nuestros oídos llegue al corazón algún versículo de la Palabra de Dios. Para poder hacer esto, pidamos al Señor la fuerza de apagar la televisión y abrir la Biblia; de desconectar el móvil y abrir el Evangelio. (2021)

3. ¿Cómo acercarse a la Sagrada Escritura? Algunos consejos

Luego del pequeño recorrido de la mano de los dos últimos papas, sugiero cuatro consejos prácticos que pueden ayudar en el camino de encontrarse con la Palabra en las palabras.

3.1. Tener una Biblia a la mano… y a la vista

Ya lo sé, suena a consejo obvio. Pero a veces hablar de lo obvio arroja luces. El papa aconseja tenerla a mano, y a mí me gustaría añadir "tenerla a la vista", es decir, buscar una versión que sea legible, con la letra lo suficientemente grande como para que dé gusto leerla. Hoy por hoy, me parece que las versiones digitales colaboran bastante y comprar una buena versión digital puede ser una excelente inversión.

Pero no solo en digital. También ayuda la Biblia en físico y, como dice el papa, en un lugar digno de la casa. Recuerdo que en casa de mis padres había una Biblia familiar, especialmente elegante, donde se iban poniendo todos los recuerdos de los sacramentos familiares. Y así, incluso físicamente se unía la Palabra a los sacramentos, centro de la fe familiar.

Asimismo, también ayuda establecer un momento y un tiempo concreto en el que leerla, no mucho. Al menos no mucho hasta tener incorporado y sólido el hábito de leerla a diario. Como todo en la vida, la constancia en el esfuerzo siempre da frutos. Y cuando lo convertimos en parte de nuestro modo de vivir, necesariamente se contagia a nuestro alrededor. Luego introducir en nuestra lectura a nuestras familias y a nuestros alumnos saldrá natural.

Otra idea que puede ser útil es aprovechar los momentos de vacaciones para leer alguno de los libros de corrido y familiarizarse con ellos. Tener una visión de conjunto y no de pasajes aislados. En el Antiguo Testamento encontramos todo tipo de libros: auténticas novelas de "amor y traición" o de "acción y aventuras", libros poéticos de oración, de sabiduría o de reflexión sobre problemas existenciales.

Pero ¿cómo elegir una Biblia? En el mercado hay muchísimas. Lo primero es fijarse en las primeras páginas y en la presentación: ahí encontraremos la información inicial para tomar una decisión.

El primer criterio que sugiero –considerando que me dirijo a profesores de religión católica– es que sea precisamente católica. No interconfesional ni protestante o de otras denominaciones. Y, por tanto, debería incluir explícitamente alguna aprobación eclesiástica católica como la de la Conferencia Episcopal (también vale para las ediciones digitales).

Dentro de las católicas, personalmente me fijaría en que la traducción sea desde las lenguas originales, o que al menos las tengan como referencia en la traducción; si la traducción es del latín, fijarse que no sea de la Vulgata sino de la Neovulgata.

Además, considero interesante que no haga distinción entre libros canónicos y deuterocanónicos, sino que siga el orden de los libros en que aparecen, por ejemplo, en el Catecismo de la Iglesia Católica (#120). Una forma fácil de comprobar si lo hace o no es revisar dónde pone el libro de Daniel o la carta de Santiago. Puede parecer una sutileza, pero cuando se dejan estos libros al final del Antiguo o del Nuevo Testamento en cada caso, de fondo se los está considerando como de segunda categoría, cuando en realidad la Iglesia los ha recibido como inspirados y canónicos, igual que los demás libros.

¿Y cómo decidir entre biblias igualmente buenas? Puede ayudar seleccionar uno de mis "pasajes favoritos" (cada uno tiene los suyos) y revisar cómo está escrito y las notas que se hacen en cada una de las Biblias "finalistas". Si me siento a gusto con las palabras que se usan y los comentarios que se hacen, ¡esta es la mía!

3.2. Ideas para acercarse al Antiguo Testamento

La Biblia es como una gran biblioteca donde encontramos distintos tipos de libros, de distintos géneros literarios. En esta parte me gustaría dar unas breves claves de lectura para acercarse al Antiguo Testamento. En el Anexo I dejo una selección de textos que pueden servir de primera aproximación; ciertamente quisiera invitar a leerlos todos, pero una pequeña selección puede servir como punto de partida para tener una visión general.

Los primeros libros que encontraremos en la Biblia son los libros históricos. En cierto sentido, son los más fáciles de leer porque van contando una historia, es decir, se presentan de manera narrativa y logran cautivar al lector que busca una buena historia.

Pero la descripción se queda muy corta. En realidad, la historia que se cuenta es la Historia con mayúscula, la *Historia de la Salvación*. Los libros históricos hacen un recorrido por la Historia desde el origen. En su desarrollo van mostrando cómo Dios va constantemente buscando establecer una relación de comunión con el hombre y cómo el hombre hace intentos por corresponder a ese amor de Dios, pero no lo logra… La primera vez que leí los libros históricos de corrido me quedé con un poco de "mal sabor de boca", porque iba viendo que Dios quiere y busca constantemente al hombre y que el hombre quiere corresponder, pero luego es débil y no lo logra, ¡y a veces ni siquiera quiere corresponder! Pero Dios no se cansa y vuelve una y otra vez. Esa primera impresión agridulce en realidad es una tensión que nos hace ver cómo es necesaria la Salvación obrada por Cristo y que en realidad el Antiguo Testamento no se entiende si no es en relación con el Nuevo Testamento. La unidad entre ambos testamentos es profundamente real. Cuando conoces mejor el Antiguo, entiendes mejor el Nuevo.

Sin embargo, leyendo los libros históricos nos encontramos con algunas dificultades. Por ejemplo, ¿cómo enfocar esos pasajes que muestran actitudes abiertamente crueles o inmorales por parte de los protagonistas? Es necesario distinguir entre la actuación moral del personaje y su papel en la historia de la Salvación. No toda actuación recogida en la Biblia es aprobada por Dios y a veces el texto cuenta con que el lector sepa hacer su propio juicio.

La historia de los hombres no se escapa de las manos de Dios, sino que hay un designio de Salvación a pesar de todo lo que van haciendo los hombres. David o Salomón, por ejemplo, con todos sus pecados no consiguen estropear los planes de Salvación de Dios. Lo importante es que Dios actúa *en la historia de los hombres*, propiamente de estos hombres caídos por el pecado original. Dios no actúa en un mundo "esterilizado" o "no contaminado". Precisamente porque hay pecado, hay necesidad de Salvación.

La siguiente colección son los libros poéticos y sapienciales. Tal vez lo primero para tener en cuenta es, precisamente, que estamos frente a un género poético-bíblico. La fuerza de la poesía bíblica está en su capacidad de comunicar *con imágenes,* realidades profundas que conectan con la naturaleza humana, con los problemas, aspiraciones y anhelos de los hombres de todo tiempo. Para acercarse a la poética bíblica, hay que desprenderse de la narrativa, es decir, no voy a un salmo a que me cuenten una historia (aunque más de alguno sí lo hace), sino a encontrar mi propia historia interior reflejada en ese texto poético.

Una pequeña clave de lectura, muy típica de la poética bíblica, es que esta se expresa casi siempre a través de imágenes concretas (fuego, jardín, roca, viña, etc.) y se suele estructurar en base a paralelismos, cada uno de los cuales va añadiendo un matiz diverso a la imagen anterior, llenando un campo de sentido.

Dentro de los libros poéticos destacan los salmos, que son una auténtica escuela de oración: en ellos es el mismo texto sagrado el que pone en nuestra boca la manera de rezar... como las madres que enseñan a hablar a sus hijos les modelan las palabras para repetir. Así Dios nos enseña a rezar a través de los Salmos. En ellos encontramos modelos y formas sublimes para alabar a Dios, darle gracias, pedir perdón, suplicar su ayuda o meditar con la grandeza y sabiduría de Dios.

Finalmente, los libros proféticos recogen la predicación y escritos de los profetas. Pero ¿quién es el profeta, aquel personaje incómodo que remece al pueblo cuando se ha extraviado y lo ayuda a volver hacia Dios; aquel mismo que acompaña al pueblo en su sufrimiento y le muestra la luz de la Salvación al final del camino?

El profeta es aquel que ve en profundidad la historia y discierne los acontecimientos con la mirada de Dios, y precisamente por esto conduce a los hombres a través de la historia "con la esperanza de salvación" (Misal Romano, Plegaria Eucarística IV).

Jesucristo es el profeta por antonomasia (Hb 1:1-2) y tal vez esta es la razón por la que la Iglesia ha optado por poner estos libros justo antes del Nuevo Testamento. Comprender mejor a los profetas nos ayudará a comprender más a fondo a Cristo. A la vez, la salvación obrada por Cristo ilumina el sentido de la profecía en el Antiguo Testamento.

Insisto: no estamos frente a un género narrativo; no tenemos que esperar que nos cuenten una historia, sino más bien dejarnos interpelar por la Palabra. La mayor parte de estos libros está escrita en forma poética y resulta particularmente fuerte porque, a diferencia de los salmos –que son poesía que va del hombre a Dios–, los libros proféticos son palabras que Dios dirige a los hombres… y muchas veces para moverlos a la conversión. Este es un punto importante que destacar en los libros proféticos: no se trata de meras acusaciones subidas de tono, sino que siempre son denuncias y llamadas que buscan especialmente la conversión y la renovación de la relación entre Dios y su pueblo.

3.3. Ideas para acercarse al Nuevo Testamento

Con el Nuevo Testamento tenemos mucho más camino recorrido. Mi experiencia es que tenemos más familiaridad con ellos gracias a la Misa, y que esa cercanía suele darse gracias a pasajes o escenas concretas, desvinculadas de su contexto.

En esta parte me gustaría invitar a hacer una lectura narrativa de los Evangelios. Alguna vez hay que hacer la experiencia de leer un Evangelio "de un tirón" para que salgan a la luz otras cosas que no vemos habitualmente cuando los leemos por partes. Es como leer un libro: cuando lo lees a saltos se pierde parte del mensaje que quiere transmitir el autor con la obra completa y, por esto mismo, al retomar una novela después de un tiempo volvemos atrás para recordar el contexto de donde estábamos. Ciertamente cada parte del Evangelio nos transmite la vida de Jesús y nos invita a encontrarnos con Él en esa escena. Pero también es cierto que cada Evangelio como libro individual nos está transmitiendo una enseñanza concreta. De hecho, por esto es que la Iglesia recibe como inspirados y canónicos cuatro Evangelios y no los ha unificado en uno solo. Valora el hecho de que sean cuatro.

En cambio, lo que nos resulta más común y familiar es armonizar los cuatro evangelios en una sola historia… Es lo que hacemos en todas las representaciones de la Navidad: Mateo no habla ni de pastores ni de pesebre y Lucas no habla ni de reyes ni de estrella, pero no se nos ocurriría hacer una representación de Navidad sin ellos. Las películas o libros sobre la vida de Jesús también son armonizaciones: toman escenas de los cuatro evangelios y las unifican para ayudar al lector a conocer mejor la vida de Jesús.

Pero no son los Evangelios. Un buen libro sobre la vida de Jesús no reemplaza la sencillez de cada Evangelio donde está verdaderamente presente el Espíritu Santo y a través del cual nos encontramos verdaderamente con Jesús. Un buen libro, una buena película, son un buen punto de partida… pero no pueden ser el punto final.

El Evangelio de Juan termina así: "Hay, además, otras muchas cosas que hizo Jesús y que, si se escribieran una por una, pienso que ni aun el mundo podría contener los libros que se tendrían que escribir" (Jn 21:25). Cada evangelista tuvo que elegir lo que quería contar y cómo lo quería contar. La perspectiva narrativa nos lleva a preguntarnos: ¿qué me quiere transmitir *este* evangelista con la selección de escenas de la vida de Jesús que escogió?, ¿qué busca motivar en el lector con la disposición que hizo del material que tenía?

Por ejemplo, en el Evangelio de Marcos nos encontramos con un narrador que mantiene especialmente activa la *pregunta sobre la identidad* de Jesús haciéndola emerger varias veces a lo largo del relato (Mc 1:27, 2:7, 4:41, 6:2, 8:27.29, 14:61-64, 15:2). Aunque desde el primer versículo el autor nos revela quién es Jesús ("Comienzo del Evangelio de Jesucristo, Hijo de Dios", Mc 1:1), ningún personaje —ni siquiera los discípulos más cercanos— son capaces de reconocerlo como el Hijo de Dios hasta el final, luego de su muerte en la Cruz (Mc 15:39). Y este es un mensaje muy potente: para conocer a Jesús en su identidad más profunda no basta acompañarle en los milagros y enseñanzas. Es necesario llegar a los pies de la Cruz.

Al leer cada Evangelio en su propia unidad, iremos descubriendo las características que son propias y distintivas de cada uno. En *Mateo* encontramos un resumen ordenado en claros discursos sobre las distintas enseñanzas de Jesús. El discurso de la Montaña (cap. 5-7), donde Jesús explica qué es ser cristiano; el discurso de la misión apostólica (cap. 10), donde nos explica cómo ir a la misión; el discurso de las parábolas del Reino (cap. 13), con las que nos hacemos una idea de lo que es el Reino de Dios; el discurso eclesial o de la vida dentro de la Iglesia (cap. 18) y finalmente el discurso escatológico o del final de los tiempos (cap. 24-25). Por tanto, este Evangelio nos ayuda a meditar las palabras y enseñanzas de Jesús.

En *Marcos*, en cambio, encontramos el camino del discípulo o la invitación a cada lector a unirse al grupo de los que siguen de cerca a Jesús con todas sus implicancias; ahí se describen con más detalles los sentimientos de Jesús, su lado más humano; resaltan con más claridad las debilidades de los discípulos. El detalle y la vivacidad con que está escrito facilita al lector entrar en las escenas con la imaginación y hacerse como un personaje más en la escena.

En *Lucas* encontramos temas a los que da especial énfasis: la alegría, la misericordia, la oración, la pobreza. Por ejemplo, Lucas es el único que recoge las llamadas parábolas de la misericordia (cap. 15), además de la parábola del "buen samaritano" (10:25-37) o la parábola del rico Epulón y el pobre Lázaro (16:19-31) o el anuncio de los ángeles a los pastores (2:8-20), los menos relevantes para la sociedad de la época. Encontramos también en Lucas el delicado retrato de María, la madre de Jesús. Prácticamente todo lo que sabemos de María se lo debemos a Lucas.

Por último, el Evangelio de *Juan*. Si lo leemos después de haber leído los otros tres, inmediatamente nos damos cuenta de que estamos en un ambiente literario distinto. El evangelista tiende a exponer el sentido más hondo de las palabras y de los hechos de Jesús y por esto ya los Padres de la Iglesia lo consideraban teológico y espiritual. Es el que se escribió más tarde y es lógico que el propio autor, después de tantos años de predicación y oración personal, tenga mayor perspectiva de todo lo que había vivido en su juventud junto a Jesús, lo viera de manera más profunda y sobrenatural.

En el *Anexo II* incluyo un ejemplo de aproximación narrativa y sinóptica de los Evangelios. La aproximación sinóptica sirve de apoyo a la narrativa y simplemente consiste en leer los pasajes paralelos en los distintos evangelios con atención a las semejanzas y diferencias para distinguir lo que es más propio de cada uno.

Se podría decir muchísimo más de cada uno de los escritos neotestamentarios. Por espacio, sólo añadiría algún comentario sobre las cartas de San Pablo: conviene leer una buena introducción antes de entrar en ellas. No son fáciles, pero vale la pena el esfuerzo. Si sirve de consuelo, la segunda carta de Pedro dice a propósito: "Así os lo escribió también nuestro querido hermano Pablo según la sabiduría que se le otorgó, y así lo enseña en todas las cartas en las que trata estos temas. En ellas hay algunas cosas difíciles de entender..." (2P 3:15-16).

3.4. *Ideas sobre la* lectio divina

Probablemente la *lectio divina* es el método más conocido por todos para acercarse a las Sagradas Escrituras. En el *Anexo III* incluyo la explicación que hace la *Verbum Domini* sobre la *lectio*, que invito vivamente a releer con pausa y atención.

Cada paso de la *lectio* es como un escalón que busca, peldaño a peldaño, acercarnos a Dios. Encontrar la Palabra en las palabras y responder vitalmente con todo nuestro ser.

Se empieza siempre con el *sentido literal* del texto. Se trata de buscar entender el texto en sí mismo, cuál es su contexto histórico, quiénes eran los destinatarios originales, cuál es el mensaje objetivo del texto y cuáles son las circunstancias que lo rodean. Es importante no saltarnos este paso, porque toda interpretación de la Biblia comienza en la realidad o literalidad del texto sagrado, de lo contrario corremos el riesgo de que el texto se convierta en un mero pretexto para cualquier cosa. Para este paso son muy útiles las introducciones y las notas de las biblias o bien acudir a la ayuda de algún experto o estudioso de la Sagrada Escritura; o simplemente hacer un estudio en grupo con presentaciones trabajadas del libro en el que se está profundizando.

El siguiente escalón ya apunta a la *actualización* del texto, es decir cómo este pasaje nos habla hoy: cuáles son los temas que emergen del texto hoy; cómo me habla personalmente, cómo habla a la Iglesia y al mundo actual. Ayuda mucho vivir esta fase de la *lectio* en comunidad, ya que nos enriquecemos mutuamente con la visión que tienen los otros. Pero aquí depende de la sensibilidad comunitaria de cada uno; "¡la palabra de Dios no está encadenada!" (2Tm 2:9) y habla a cada uno como más le ayuda. Lo importante es ponerse en situación de dejar hablar a la Palabra.

Y a la meditación del texto sigue naturalmente la *oración*, que es el siguiente escalón. A qué respuesta personal me lleva el texto, qué me gustaría decir al Señor luego de escuchar lo que Él me ha dicho.

El siguiente escalón, el de la *contemplación*, es el más elevado. Nos lleva a identificar nuestra interioridad con la Palabra. Es difícil de explicar… hay que vivirlo. Se trata de buscar la unión con el Amor infinito de Dios, identificando con Él todo nuestro ser. Sin perdernos a nosotros mismos, sino más bien encontrándonos en plenitud.

Y esta unión con Dios nos lleva naturalmente a la *acción* en el mundo. A la vida diaria, a la coherencia de vida.

Como conclusión a todo el recorrido de este capítulo, me gustaría dejarles un consejo de san Josemaría Escrivá. Su ejemplo me ha inspirado personalmente a conocer más a fondo la Sagrada Escritura y a buscar en ella a Cristo:

> Al abrir el Santo Evangelio, piensa que lo que allí se narra –obras y dichos de Cristo– no sólo has de saberlo, sino que has de vivirlo. Todo, cada punto relatado, se ha recogido, detalle a detalle, para que lo encarnes en las circunstancias concretas de tu existencia.
> –El Señor nos ha llamado a los católicos para que le sigamos de cerca y, en ese Texto Santo, encuentras la Vida de Jesús; pero, además, debes encontrar tu propia vida.
> Aprenderás a preguntar tú también, como el Apóstol, lleno de amor: «Señor, ¿qué quieres que yo haga?...» -¡La Voluntad de Dios!, oyes en tu alma de modo terminante.
> Pues, toma el Evangelio a diario, y léelo y vívelo como norma concreta. -Así han procedido los santos. (Escrivá, 1987, #754)

Anexo I Sugerencias de textos del Antiguo Testamento para una primera aproximación

Las sugerencias son simplemente sugerencias y, como tales, completamente opinables. La idea es hacerse una idea general y "abrir el apetito", entusiasmarse con la lectura y seguir con más.

Libros Históricos
Génesis: capítulos 1-4, 6-9, 11, 12-25
Éxodo: capítulos 1-5, 19-20, 24, 32-34
Levítico: capítulos 1-3, 19
Números: capítulos 11-14, 20, 27
Deuteronomio: capítulos 1-11, 29-34
Josué: capítulos 23-24
Jueces: capítulos 2-4
Rut: capítulos 1-4
Primer libro de Samuel: capítulos 1-3, 8-13, 15-16
Primer libro de los Reyes: capítulos 1-2, 11
Esdras: capítulo 1
Nehemías: capítulo 1
Ester: capítulos 1-5
Primer libro de los Macabeos: capítulos 1-5

Libros Poéticos y Sapienciales
Job: 3:1-26, 9:20-24, 10:1-14, 13:15-28, 16:19-22, 19:23-29, 21:7-34, 30:16-31, 38:1-11, 40:10-14
Salmos: Salmos para leer en pares porque se pueden relacionar: 1-2, 9-10, 22-23, 42-43, 103-104, 134-135
Otros salmos para leer individualmente: 37, 40, 46, 51, 62, 84
Proverbios: 1:8-19, 6:6-11, 8:22-36, 23:30-35, 24:30-34, 31:10-31

Qohélet (Eclesiastés): 1:1-11, 2:17-26, 3:1-9, 4:7-12, 6:1-6, 7:15-18, 9:1-10, 12:1-8

Cantar de los Cantares: 1:5-11, 2:8-17, 5:2-8, 6:4-12, 8:5-7

Sabiduría: 2:1-24, 4:7-20, 7:1-8:8, 13:1-9, 17:1-20

Sirácida (Eclesiástico): 1:1-10, 3:17-21, 6:5-17, 15:11-20, 18:15-29, 22:27-23:6,
24:1-34, 30:14-25, 31:1-32:13, 38:1-23, 39:1-11

Libros Proféticos

Isaías:

Cántico de la Viña (Is 5:1-7)

La vocación de Isaías (Is 6:1-13)

Cantos del Siervo del Señor:

    I canto (Is 42:1-4)

    II canto (Is 49: 1-6)

    III canto (Is 50:4-11)

    IV canto (Is 52:13 – 53:12)

Esplendor de Jerusalén (Is 60:1-22)

Misión del profeta (Is 61:1-11)

Gloria y paz para Jerusalén (Is 65:17-25)

Venida del Señor y alegría para Jerusalén (Is 66:5-14a)

Jeremías:

Vocación de Jeremías (Jr 1:4-19)

"Confesiones" de Jeremías:

    I confesión (Jr 11:18-12,6)

    II confesión (Jr 15:10-21)

    III confesión (Jr 17:14-18)

    IV confesión (Jr 18:18-23)

    V confesión (Jr 20:7-18)

Visiones y gestos proféticos de Jeremías:

    El cinturón de lino (Jr 13:1-11)

    El celibato de Jeremías (Jr 16:1-21)

El cántaro roto (Jr 19:1-14)

El yugo de Jeremías y la disputa con Ananías (Jr 27:1–28:17)

La compra del campo (Jr 32:1-44)

Ezequiel:

Visión de la Gloria del Señor y vocación de Ezequiel (Ez 1:4-28)

Jerusalén, esposa infiel (Ez 16)

Profecía contra los malos pastores y promesa de un pastor fiel (Ez 34)

Visión de los huesos secos (Ez 37:1-14)

Retorno de la gloria del Señor (Ez 43:1-12)

El torrente del Templo (Ez 47:1-12)

Daniel:

El sueño de Nabudoconosor y la explicación de Daniel (Dn 2:1-49)

El banquete del rey Baltasar (Dn 5:1-30)

La visión de las cuatro bestias (Dn 7:1-28)

Daniel y el ídolo Bel (Dn 14:1-22)

Profetas menores:

Elegir uno y leerlo entero

Anexo II Ejemplo de acercamiento sinóptico y narrativo a los evangelios

Más allá de leer el Evangelio de corrido para ver su mensaje propio, es posible incorporar la perspectiva narrativa y sinóptica al leer pasajes concretos e iluminarlos desde otra perspectiva. Tomemos la parábola de los invitados a las bodas en Mt 22:1-14 y Lc 14:15-24.

Empecemos con la perspectiva sinóptica, que en pocas palabras significa mirar el mismo pasaje en sus versiones paralelas. Para desarrollar el ejemplo seguiremos el recorrido a continuación:

1. Antes de leer las citas propuestas, recordamos la parábola: ¿cuál es la enseñanza que viene a la memoria?

2. Luego leemos ambos pasajes por separado: ¿es la misma enseñanza en ambos casos?, ¿cuál sería la enseñanza de cada uno?, ¿cuál se diría que es la actitud interior de Jesús al pronunciar la parábola de acuerdo con Mateo?, ¿y de acuerdo con Lucas?

En términos generales, se trata de la misma parábola: hay unos invitados que no quieren venir al banquete y el organizador llama a otros que inicialmente no estaban considerados. Hasta aquí las coincidencias.

Desde mi punto de vista, creo que son más las diferencias entre ambos pasajes. Y precisamente esto es lo que resalta la enseñanza particular que quiere transmitir cada evangelista.

En Mateo, por ejemplo, da la impresión de que Jesús está enojado y quiere transmitir un mensaje particularmente fuerte. Vemos que se habla explícitamente de una boda y no es casual: el oyente familiarizado con las escrituras de Israel puede entrever la alianza esponsal de Dios con su pueblo anunciada por algunos profetas del pasado; de hecho, el mismo lenguaje fuerte que utiliza recuerda la predicación profética que –como dije en la sección de los profetas– busca la conversión de los oyentes. El personaje que invita a las bodas es un rey, que representa la fuerza, el dominio y el poder. Las bodas son del hijo, luego el rey es padre y se compromete con el banquete de su hijo. Los invitados no sólo son indiferentes a la invitación, sino agresivos y asesinos. El rey manda a matarlos e invitar a otros… pero no es indiferente a la actitud de los nuevos invitados, puesto que echa fuera al que no se presenta dignamente.

En cambio, en Lucas la actitud de Jesús al contar la parábola parece ser distinta y distinta también la enseñanza. En el relato no tenemos ni a un rey ni a un padre, sino simplemente un amo de casa. Los invitados originales no son asesinos, sino más bien están atrapados por las atracciones del mundo. Los nuevos invitados son explícitamente convocados de entre los despreciados de la sociedad de la época: pobres, tullidos, ciegos y cojos. Podríamos decir que se trata de una llamada universal al banquete del Reino de Dios, en la que gustarán más fácilmente de la cena aquellos que en este mundo no tienen nada, ni posesión ni posición.

Cuando me refiero a la perspectiva sinóptica, precisamente quiero mostrar cómo el contraste entre los pasajes paralelos entre los distintos evangelios arroja luz para comprender más a fondo el mensaje de cada uno.

Lo visto hasta ahora se refuerza con la perspectiva narrativa. Simplificando bastante, se trata de mirar el pasaje en su contexto, tratando de identificar las escenas, personajes y tiempos como los identificaríamos en una película.

En el caso de Mateo, la escena comienza en realidad en Mt 21:23; Jesús llega al Templo, es decir, se encuentra ya en Jerusalén donde será crucificado. Mientras enseñaba se le acercan los sacerdotes y ancianos para preguntarle por su potestad. Jesús no les responde y en cambio les propone un par de parábolas: la de los dos hijos a los que el Padre llama a trabajar en la viña y la de los viñadores homicidas. Al final de la segunda parábola los príncipes de los sacerdotes y los fariseos comprenden que está hablando de ellos. En este punto llega la tercera parábola sobre los invitados a las bodas. Y se comprende el tono que está usando Jesús: quiere hacerles ver las consecuencias de su rechazo a la invitación del Padre ya que ellos son los primeros invitados a las bodas. La escena termina en Mt 22:15 cuando los fariseos se retiran y "se pusieron de acuerdo para ver cómo podían cazarle en alguna palabra".

En el caso de Lucas la situación narrativa de la parábola es otra. Jesús está en la etapa del camino hacia Jerusalén (Lc 13:22), etapa que se caracteriza por la enseñanza y en la que la pasión no es todavía inminente, aunque sí anunciada. La escena comienza en Lc 14:1 cuando Jesús va a comer a casa de uno de los principales fariseos en día de sábado: ahí cura a un hidrópico, propone a los invitados escoger los últimos puestos e invitar a sus mesas a quienes no pueden retribuir su invitación. En este contexto viene nuestra parábola que se vuelve más interesante aún si se consideran las dos escenas sucesivas: la necesidad de renunciar a todo y cargar la propia cruz para ser su discípulo (Lc 14:25-35) y luego las tres parábolas de la misericordia (Lc 15), exclusivas de este evangelista.

Sin duda nuestra parábola tiene su mensaje propio, pero puesta en su contexto narrativo queda mucho mejor iluminada.

Anexo III Texto sobre la *Lectio Divina* explicada en la *Verbum Domini*

A continuación, recojo el #87 del texto de la Exhortación Apostólica Postsinodal *Verbum Domini* del Papa Benedicto XVI sobre la Palabra de Dios en la Vida y en la Misión de la Iglesia donde explica la Lectio Divina. Recordemos que es del 30-IX-2010 y está disponible en www.vatican.va.

87. En los documentos que han preparado y acompañado el Sínodo, se ha hablado de muchos métodos para acercarse a las Sagradas Escrituras con fruto y en la fe. Sin embargo, se ha prestado una mayor atención a la *lectio divina*, que es verdaderamente «capaz de abrir al fiel no sólo el tesoro de la Palabra de Dios sino también de crear el encuentro con Cristo, Palabra divina y viviente». Quisiera recordar aquí brevemente cuáles son los pasos fundamentales: se comienza con la lectura (*lectio*) del texto, que suscita la cuestión sobre el conocimiento de su contenido auténtico: *¿Qué dice el texto bíblico en sí mismo?* Sin este momento, se corre el riesgo de que el texto se convierta sólo en un pretexto para no salir nunca de nuestros pensamientos. Sigue después la meditación (*meditatio*) en la que la cuestión es: *¿Qué nos dice el texto bíblico a nosotros?* Aquí, cada uno personalmente, pero también comunitariamente,

debe dejarse interpelar y examinar, pues no se trata ya de considerar palabras pronunciadas en el pasado, sino en el presente. Se llega sucesivamente al momento de la oración (*oratio*), que supone la pregunta: *¿Qué decimos nosotros al Señor como respuesta a su Palabra?* La oración como petición, intercesión, agradecimiento y alabanza, es el primer modo con el que la Palabra nos cambia. Por último, la *lectio divina* concluye con la contemplación (*contemplatio*), durante la cual aceptamos como don de Dios su propia mirada al juzgar la realidad, y nos preguntamos: *¿Qué conversión de la mente, del corazón y de la vida nos pide el Señor?* San Pablo, en la *Carta a los Romanos*, dice: «No os ajustéis a este mundo, sino transformaos por la renovación de la mente, para que sepáis discernir lo que es la voluntad de Dios, lo bueno, lo que agrada, lo perfecto» (12:2). En efecto, la contemplación tiende a crear en nosotros una visión sapiencial, según Dios, de la realidad y a formar en nosotros «la mente de Cristo» (*1 Co* 2:16). La Palabra de Dios se presenta aquí como criterio de discernimiento, «es viva y eficaz, más tajante que la espada de doble filo, penetrante hasta el punto donde se dividen alma y espíritu, coyunturas y tuétanos. Juzga los deseos e intenciones del corazón» (*Hb* 4:12). Conviene recordar, además, que la *lectio divina* no termina su proceso hasta que no se llega a la acción (*actio*), que mueve la vida del creyente a convertirse en don para los demás por la caridad.

Encontramos sintetizadas y resumidas estas fases de manera sublime en la figura de la Madre de Dios. Modelo para todos los fieles de acogida dócil de la divina Palabra, Ella «conservaba todas estas cosas, meditándolas en su corazón» (*Lc* 2:19, cf. 2:51). Sabía encontrar el lazo profundo que une en el gran designio de Dios acontecimientos, acciones y detalles aparentemente desunidos.

Referencias

Benedicto XVI. (2008a). *Homilía en la Misa conclusiva de la XII Asamblea General Ordinaria del Sínodo de los Obispos*, 26 de Octubre de 2008. Obtenido de www.vatican.va: *https://www.vatican.va/content/benedict-xvi/es/homilies/2008/documents/hf_ben-xvi_hom_20081026_conclusione-sinodo.html*

Benedicto XVI. (2008b). *Intervención durante la XIV Congregación General*, 14 de Octubre de 2008. Obtenido de www.vatican.va: *https://www.vatican.va/content/benedict-xvi/es/speeches/2008/october/documents/hf_ben-xvi_spe_20081014_sinodo.html*

Benedicto XVI. (2008c). *Meditación durante la celebración de la hora tercia en el Aula del Sínodo*, 6 de Octubre de 2008. Obtenido de www.vatican.va: *https://www.vatican.va/content/benedict-xvi/es/speeches/2008/october/documents/hf_ben-xvi_spe_20081006_sinodo.html*

Benedicto XVI. (2010). *Verbum Domini*, 30 de Septiembre de 2010. Obtenido de www.vatican.va: *https://www.vatican.va/content/benedict-xvi/es/apost_exhortations/documents/hf_ben-xvi_exh_20100930_verbum-domini.html*

Biblia de Navarra. (1997-2016). Eunsa.

Concilio Vaticano II. (1965). *Constitución Dogmatica Dei Verbum*, 18 de Noviembre de 1965. Obtenido de www.vatican.va: *https://www.vatican.va/archive/hist_councils/ii_vatican_council/documents/vat-ii_const_19651118_dei-verbum_sp.html*

Escrivá, J. (1987). *Forja* (Quinta ed.). Madrid: Rialp.

Francisco. (2019). *Aperuit Illis*. Carta Apostólica en forma de *Motu Proprio*, con la que se instituye el Domingo de la Palabra de Dios, 30 de Septiembre de 2019. Obtenido de www.vatican.va: *https://www.vatican.va/content/francesco/es/motu_proprio/documents/papa-francesco-motu-proprio-20190930_aperuit-illis.html*

Francisco. (2020). *Scripturae Sacrae Affectus*. Carta apostólica, en el XVI centenario de la muerte de San Jerónimo, 30 de Septiembre de 2020. Obtenido de www.vatican.va: *https://www.vatican.va/content/francesco/es/apost_letters/documents/papa-francesco-lettera-ap_20200930_scripturae-sacrae-affectus.html*

Francisco. (2021). *Domingo de la Palabra de Dios. Homilía del Santo Padre*, 24 de Enero de 2021. Obtenido de www.vatican.va: *https://www.vatican.va/content/francesco/es/homilies/2021/documents/papa-francesco_20210124_omelia-domenicadellaparoladidio.html*

Iglesia Católica. (1997). *Catecismo de la Iglesia Católica.*
Obtenido de www.vatican.va:
http://www.vatican.va/archive/catechism_sp/index_sp.html

Misal Romano. (1991). Reformado según las normas de los decretos del Concilio Ecuménico Vaticano II y promulgado por el Papa Pablo VI, edición típica aprobada por la Conferencia Episcopal Mexicana.

IV

Recursos pedagógicos

Catalina Tapia
Colegio Huelén, Enseñanza Media
c.tapia@huelen.cl

Verónica García
Colegio Arturo Toro Amor, SIP, independencia, 1° a 6° básico
vgarcia@sip.cl

En el siguiente capítulo, queremos presentar una propuesta sobre el Desarrollo Integral de la Clase de Religión a través de distintos recursos didácticos, que nacen en respuesta de las experiencias pedagógicas que hemos vivido en nuestra práctica docente. Las dos autoras estamos dedicadas a la educación de la Religión Católica, desde metodologías similares pero con estrategias distintas, como también en etapas del desarrollo diferentes, lo que hace enriquecedor el desafío de poner en una puesta en común nuestros conocimientos en virtud de los profesores de esta asignatura.

La clase de Religión no es solo un desafío que se va acrecentando con los tiempos relativistas que vivimos, la sobreexposición de la intimidad en las redes sociales o la inmediatez, sino que el vertiginoso avance tecnológico puede servirnos para innovar y hacer atractivas nuestras clases, aprovechando la curiosidad de nuestros alumnos.

La invitación es a mirar bajo el prisma de la oportunidad, para desafiarnos y enamorarnos con mayor pasión de lo que enseñamos. Todo desde la propia vivencia de la fe y desde el conocimiento de la doctrina, la cual siempre debe acompañar al profesor de religión, así como desde la capacitación continua respecto a nuevas propuestas metodológicas, herramientas tecnológicas, recursos innovadores y por supuesto desde el estudio del magisterio de la Iglesia, base de nuestras clases.

Proponemos navegar sobre este tema desde tres pilares fundamentales que creemos son indispensables para lograr un conocimiento armónico de la religión católica, conjugándolos con todos los recursos que desde nuestra experiencia han ido mejorando, dinamizando y enriqueciendo nuestro quehacer pedagógico:

1. **Desarrollo de la piedad**
2. **Vía intelectiva (razón y fe)**
3. **Vivencia de la fe (praxis y la experiencia de la fe)**

1. Desarrollo de la Piedad

"Somos pequeños instrumentos, pero muchos pequeños instrumentos en las manos de Dios pueden hacer milagros". Así describe la Madre Teresa de Calcuta nuestro quehacer docente. Este instrumento humano, no solo se limita a la capacidad del profesor para transmitir conocimientos, sino de despertar en los alumnos la búsqueda de la verdad.

Existen varios escenarios respecto a la enseñanza de la Religión Católica. Los modelos más comunes son los colegios laicos, los colegios religiosos pertenecientes a congregaciones religiosas y los que son colegios laicos que imparten de manera optativa la Religión Católica, ligados a una parroquia cercana al establecimiento educacional.

A continuación, se presentan dos modelos de colegio con: formación católica y colegio laico, donde la clase de religión es optativa.

1.1. Experiencia en colegio de Formación Católica

Uno de los sellos educativos del colegio en que desarrollo mi práctica docente es la identidad cristiana, esto se traduce en el desarrollo de la piedad en los alumnos. Para poder llevar a la práctica lo dicho anteriormente se proponen las siguientes metodologías e instrumentos pedagógicos.

1.1.1. Hitos religiosos

Una instancia muy importante es revivir las tradiciones populares de piedad. Los hitos religiosos son pequeñas liturgias dirigidas a los alumnos acompañados por sus padres en la capilla del colegio, para recibir un objeto que les ayude a practicar la costumbre cristiana elegida especialmente y acorde con su edad (rosario, imagen de la Virgen, *lectio* divina, mini catecismo, libro de oraciones, crucifijo, ángel de la guarda, Nuevo Testamento, imposición del escapulario y otros más) reforzando e invitando tanto al alumno como la familia a rezar y llevar durante el día la presencia de Dios.

1.1.2. Hora de Oratorio

Se traduce en momentos de recogimiento y oración dentro de la capilla del colegio, donde los estudiantes tienen destinada una hora pedagógica, llamada hora de oratorio, dentro de su horario desde 3° básico a IV° medio. El objetivo es aprender a tener un trato personal con Dios a través de la oración y también adquirir los hábitos de urbanidad en la piedad en los lugares de oración, buscando una relación más cercana con Jesús sacramentado.

En nuestra experiencia, hemos encontrado algunas dificultades para lograr nuestro objetivo debido a la hiperconectividad de nuestros alumnos con las redes sociales y dispositivos electrónicos, que han traído como consecuencia dificultades para estar en silencio. Otro punto relevante es la disposición interna, que producto de la reciente pandemia existe un alza importante en las enfermedades de salud mental, provocando estados de ánimos muy complejos que dificultan el silencio del alma. En respuesta de este escenario se ha trabajado seleccionando distintas metodologías y recursos didácticos para ayudarles a rezar.

a) **Ejercicios espirituales**, que ayudan a lograr un momento de oración. Aquí se puede utilizar material entregado a los alumnos en el hito religioso "Transmitir la luz de la fe", el cual es un Díptico para leer la Biblia, que va enseñando cómo llevar una lectura consciente de ella. También el hito "Amigas de Jesús" se enseña a hacer oración con la *lectio* divina, que es una tradición muy antigua para hacer oración mental con la Palabra de Dios, un ejercicio para aprender a rezar. Más que un método de lectura y oración de la Biblia, es una experiencia de encuentro personal con Dios, la que es base de toda la revelación. Para esto se diseñó un cuadernillo que consta de 6 pasos: Invocación, Lectio, Meditatio, Oratio, Actio y Conclusión, seis básicas actitudes del discípulo que, porque anhela seguir al Señor, se sienta a los pies de su Maestro para escuchar su Palabra (Ref Lc. 10,39). Ver en *Anexo 1.*

b) **Oración vocal**, que aunque a veces nos parece repetitiva y pensamos que pierde valor, en las edades tempranas es un gran recurso para ir transmitiendo las verdades de fe y el trato diario con el ángel custodio, la Virgen María y la Santísima Trinidad. Es una manera de acercar los grandes misterios de nuestra fe a temprana edad. Se complementa con un hito religioso "Mi amigo Jesús", libro diseñado con la selección de las oraciones que se trabajan con los alumnos, para que vayan aprendiendo a recitarlas desde temprana edad. Dentro de las oraciones vocales, el rezo del Santo Rosario es muy importante, el cual también vinculamos a un hito religioso "Querer a la Virgen", donde se les entrega un tríptico con los misterios del rosario y un rosario físico. En la sala de clases se trabaja con un prototipo grande, donde las alumnas pueden conocer de cerca cada cuenta del rosario y se vincula con los misterios y una imagen. En ella, contemplan la vida de Jesús y relacionan sus conocimientos previos de esta. Facilitamos una lista de recursos digitales que ayudan al recogimiento y la oración que pueden utilizar con sus alumnos. Ver en *Anexo 2.*

1.1.3. *El arte y las imágenes un camino de oración*

La contemplación de los Misterios del Santo Rosario es una oración a través de la contemplación, donde se logra un trabajo interdisciplinario y las artes despiertan la piedad a través de las representaciones artísticas. En el caso de nuestro oratorio, los Misterios del Santo Rosario se muestran en cuadros a la altura visual de los alumnos, invitándoles a recorrer la plenitud de los tiempos de manera más evidente. Un buen ejercicio es meterse en un misterio y revivir la escena, como un personaje más. Asimismo, las estaciones del Vía Crucis les permiten tener visualmente la pasión de Cristo, para así reflexionar sobre la misericordia divina y la Salvación.

1.1.4. *Vida de Santos*

"El Santo de la semana" es una actividad que consiste en la exposición de la biografía de un santo, para aprovechar las riquezas de su vida en la lucha diaria por la santidad, destacando su carisma y devoción a través de una infografía, presentación o afiche. Se lleva a cabo en clase de manera voluntaria. Se presentan distintas plataformas didácticas para realizar esta actividad en *Anexo 3.*

1.1.5. *Mensaje visual que invita a la reflexión a la comunidad educativa*

Es interesante ver cómo, durante el COVID-19, las sucesivas cuarentenas y encierros nos limitaron a la participación en los sacramentos y en particular el trato con Dios. Por ello, vimos la necesidad de encender nuevamente a nuestros alumnos en este aspecto y quisimos tomar algunas acciones pedagógicas para ayudar a volver los ojos a lo esencial.

Una de ellas, a través de lo visual, fue el desarrollo del ámbito creativo de los alumnos, donde el objetivo es apropiarse del conocimiento y hacerlo visible. Un ejemplo es la actividad que se realizó para difundir la participación a la Santa Misa, donde el tópico generativo de la unidad era "Buscar a Cristo en la Eucaristía". Se les proporcionó material para hacer afiches, los cuales debían considerar un mensaje sugerente acompañado de una imagen que invitase al sacramento despertando las conciencias. Los resultados fueron los siguientes: la reflexión se tradujo en una conducta, hubo un cambio de actitud positivo —algunas alumnas motivaron a sus compañeras a este cambio—, empoderamiento para difundir la piedad entre sus pares, etc. En definitiva, los alumnos lograron hacer visible su pensamiento y reflexionar sobre este, siendo autores de su aprendizaje. Pueden apreciarse algunos trabajos de alumnos en *Anexo 4*.

1.2. *Experiencia en colegio laico que imparte Religión Católica optativa*

Uno de los colegios en los que trabajamos es laico, y en él se imparte Religión Católica de manera optativa. Los fundamentos e ideas que sustentan la educación de este colegio están basados en los valores universales de la cultura cristiana occidental y de la Iglesia Católica, permitiendo el desarrollo integral de sus estudiantes.

Es por ello que buscamos que en cada clase de religión el estudiante internalice:

- Una identidad propia basada en valores católicos.
- El conocimiento de la vida de Jesucristo, imitando su ejemplo.

– Un ejercicio permanente de las virtudes cardinales tales como la prudencia, fortaleza, justicia y templanza.

– El máximo desarrollo de las potencialidades cognitivas.

– El conocimiento y aplicación del Evangelio abierto y misionero.

– La compatibilización de la fe y la cultura.

– La práctica de la solidaridad con los que más lo necesitan, promoviendo el bien común, la paz y el amor por la naturaleza.

La praxis del propósito anteriormente descrito se ve reflejado en las siguientes actividades que realizamos.

1.2.1. *Hitos Religiosos*

En la celebración de Semana Santa tenemos los siguientes hitos:

a) Se realiza, con los cursos III° y IV° medios, el musical *Jesucristo Superstar*, manteniendo la reflexión en relación a la pasión de Jesús de Nazaret, motivando la participación de la comunidad educativa.

b) En educación básica, se motiva a la reflexión a través de la dramatización del Santo Rosario llamado *Florilegio*.

c) El jueves santo, se realiza en todos los niveles una reflexión sobre la última cena con material concreto más un video alusivo. Luego se comparte pan, zumo y uvas entre los estudiantes en sus respectivas salas de clases con el fin de recordar la última cena. Se reúne la comunidad educativa del colegio para reflexionar un tema unido a la festividad del jueves santo. Finaliza compartiendo una mesa preparada para la ocasión.

Despedida de alumnos de IV° medio:

d) "Encuentro de despedida" con estudiantes de IV° medio es una actividad interdisciplinaria en la que el Departamento de Religión se despide de los estudiantes con una reflexión del Evangelio. En ella, se realizan diferentes actividades grupales con la participación de los distintos departamentos.

Navidad

e) Se realizan trabajos prácticos navideños centrados en el nacimiento de Jesús (pesebre), se cantan villancicos y se reflexiona en torno al verdadero significado de la Navidad con la familia.

1.2.2. *Momento de oración*

Se realiza la práctica diaria de *oraciones fundamentales* como:

a) *Padre Nuestro* como oración fundamental de inicio de clase. Los alumnos eximidos acompañan con respeto y en silencio.

b) *Dios te salve María*, que se reza en la mañana y se le pide intercesión a la Virgen por cada uno, por la familia y los que nos rodean.

c) ***Ángel de la guarda***, pedimos protección y guía en el día a día.

Con la práctica diaria de estas oraciones, los estudiantes son capaces de hacer peticiones personales a viva voz con participación activa, principalmente de los niveles de educación básica.

Hemos visto que también pueden realizarse otro tipo de oraciones para calmar el espíritu, muy beneficiosas para estudiantes y profesores. Una de ellas es la *oración contemplativa*, que se considera, según la edad, contiene *rutinas de bienestar*. Su tiempo puede oscilar entre 1 y 3 minutos o entre 10 y 14 minutos.

Existen tres momentos dentro de las rutinas de bienestar:

a) *Me despierto*, nos damos cuenta de cómo estamos, salimos de nuestra rutina y nos conectamos con movimientos corporales, dándonos energía para los siguientes pasos.

b) *Ver mi interior*, nos ponemos cómodos con nuestro cuerpo, brazos extendidos y relajados, piernas sin cruzar, respiramos profundamente y escuchamos nuestro interior. Preguntas que podemos hacernos: ¿cómo estoy? ¿Cómo me siento hoy? Con el momento que estoy viviendo, personal, familiar, trabajo, etc. Lo hacemos en silencio y podemos optar por cerrar los ojos, conectándonos con nuestro interior más profundo.

c) *Me entrego*, me pregunto: ¿cómo quiero vivir este día? Respiro profundo y me entrego a renovar mis energías frente a lo que la vida me presente con calma ante las adversidades que se presenten.

Estas rutinas de bienestar se pueden incorporar en nuestras clases, son prácticas eficaces en el trabajo diario con niños y adolescentes, así como formas de comunicación que se basan en el amor que respeta, integra y abraza.

¿Cómo lo haremos en nuestras clases? Al inicio, antes de la oración, al ingresar a la sala de clases después de un recreo, o al finalizar la clase. Cada docente aplicará estas rutinas de bienestar en el momento que considere adecuado para llamar a la calma interior de nuestros estudiantes.

1.2.3. *El arte y las imágenes un camino de oración*

Podemos utilizar este recurso en la sala de clases, a través de distintas actividades, para desarrollar la dimensión espiritual y religiosa, logrando aprendizajes significativos en los estudiantes. Observando una obra de arte religiosa, se despierta la capacidad de asombro, se estimula y amplía el pensamiento indagando nuevas ideas, se reflexiona sobre textos bíblicos, se desarrolla la interpretación simbólica del arte cristiano, y se consigue acercar al Misterio.

Un ejemplo de actividad es utilizar obras de arte cristiano, proyectándolas y aplicando una rutina de pensamiento, dejando suficiente tiempo para contemplar, para que los niños vayan mencionando todo lo que ven, y se fijen en todos los detalles: en los colores, símbolos, personajes, etc.

De esta manera, y a través de preguntas como: ¿qué quiso expresar el autor de la obra?, los estudiantes van reconociendo y descubriendo el significado del texto bíblico. Posteriormente, los estudiantes podrían hacer su propia creación artística a partir del modelo (obra de arte) proyectado. Para mejorar la actividad, esto se puede realizar con técnica sugerida desde la asignatura de Arte, siendo así posible que sea una actividad evaluativa interdisciplinaria, uniendo objetivos de aprendizaje de Arte y Religión. Se puede utilizar como instrumento de portafolio y rúbrica que contenga criterios relacionados a indicadores de ambas asignaturas.

Aquí algunos ejemplos de trabajos realizados por estudiantes de 1° básico, centrados en el tema de la creación, y de 4° básico, enfocados en la resurrección de Jesús. Los niños usaron una hoja de block que primero pintaron completamente con témpera del color de su elección, mezclada con cola fría para crear el fondo. Luego, con lápices pasteles, dibujaron directamente sobre la hoja sin bordes negros. Los dibujos fueron realizados directamente sobre la superficie pintada, creando coloridas y expresivas interpretaciones de los temas.

1.2.4. *Vida de Santos*

A través de la vida de los santos podemos aprender a interpretar el Evangelio. Nos enseñan cómo llegar al corazón de los más desposeídos, con amor y misericordia, poniéndonos en el lugar del otro, llamándonos a servir y hacer el bien con acciones. En nuestra experiencia laboral, hemos querido enseñar la vida y obra de algunos de ellos, como san Alberto Hurtado, santa Teresa de los Andes, san Francisco de Asís, santa Teresa de Calcuta, beato Carlo Acutis, entre muchos otros que hicieron de su vida de entrega y servicio un ejemplo para seguir y enseñar a muchos niños y jóvenes de hoy. La praxis en la enseñanza se realiza en salidas pedagógicas (por ejemplo, visitando el santuario de nuestros santos chilenos) y en el trabajo en aula (a través de guías con lecturas y preguntas, agregando videos de la vida, obra y enseñanzas de los santos, etc.). Todo esto lo llevamos a la práctica: realizando visitas a hogar de adultos mayores, entregando un momento de alegría, servicio y cariño, ayudando con campañas solidarias en nuestra comunidad educativa, etc.

2. Vivencia de la fe (praxis y la experiencia de la fe)

2.1. *Experiencia en colegio de formación católica*

El ser humano, en su condición corpórea y espiritual, comprende el mundo que le rodea. Somos las únicas criaturas con razonamiento que poseemos esta característica tan singular. No es azar ni coincidencia, Dios en sus designios lo quiso de esta manera, para que nos acercáramos a Él y le conociéramos desde ambas dimensiones. Dentro de la enseñanza de la Religión esto toma gran relevancia. No es sencillo explicar al alumno que no solo se cree por sentimientos, emociones o sensaciones, sino que va acompañado de la razón, donde se pueden conocer y acercarse a las verdades de fe.

Creer en Dios es razonable, pero ¿cómo lo llevamos a la práctica? La astucia es la preparación del profesor que logra este cometido. En nuestra experiencia como profesora de adolescentes, es un pilar fundamental saber responder el porqué de las cosas, teniendo en cuenta que las evidencias y raciocinios son solo una humilde sombra de la verdad, para tener la precaución de no ir materializando y cayendo en reduccionismos de la doctrina, consecuencia de nuestra condición de criatura. Anhelamos que este camino personal de conversión vaya madurando armónicamente con el individuo. La gran pregunta: ¿cómo hacerlo? No hay recetas, pero encontramos bastante luces si recurrimos a los padres, doctores y santos de la Iglesia.

En mi práctica docente dentro de la capacitación continua de los docentes está la metodología EPC, Enseñanza para la Comprensión. Este programa promueve la comprensión y el pensamiento crítico y colaborativo entre nuestros alumnos, para que ellos aprendan a actuar y pensar flexiblemente con lo que saben, y así resolver problemas, crear productos e interactuar con el mundo que los rodea. Comenzamos este camino con la esperanza de que los alumnos fuesen los protagonistas de su aprendizaje, que hicieran visible el pensamiento, y de ahí dar pequeños saltos en su conversión personal. A continuación, presentamos estrategias metodológicas, dentro de la línea del EPC, para trabajar el pensamiento crítico y el aprendizaje significativo, las cuales se dividen en tres momentos dentro de una planificación.

2.1.1. *Enseñanza para la comprensión*

Rutinas de pensamiento visible para presentar y explorar:
  a) **Ver-Pensar-Preguntarse:**
     – **Ver:** observar con detención una imagen (pintura, fotografía, gráfica) que tenga elementos importantes que ofrecen diferentes niveles de explicación. Es preciso que se describa sin interpretación.
     – **Pensar:** reflexionar en qué nos hace pensar la imagen, dar una interpretación, y argumentar a través de evidencia mi reflexión.

— **Preguntarse**: formular preguntas que sean más amplias, que sobrepasen la interpretación, interpelar a la curiosidad. El siguiente paso es compartir con un compañero.

b) **Puente 3-2-1**: rutina que nos permite descubrir los conocimientos previos de los alumnos sobre un tema, identificar durante el proceso la comprensión del contenido y, por último, ir reconociendo el propio aprendizaje con las ideas iniciales.

— **Puente**: hace alusión a cómo el aprendizaje inicial del alumno, a través del pensamiento crítico, forja un puente a modo de trampolín para crear un nuevo aprendizaje. El proceso se realiza de la siguiente manera:

- Plantear 3 ideas básicas sobre el tema.
- Formular 2 preguntas que de manera instantánea evoquen el contenido presentado.
- Por último, 1 analogía, esto es: identificar una metáfora o símil para probar cómo se está comprendiendo y enmarcando el tema. Se deben establecer conexiones entre elementos a partir de alguna característica en común y compartir con un compañero y luego con el resto de la clase.

c) **Enfocarse**: el objetivo de esta rutina es tener una porción cegada de una imagen, que llame a la interpretación del plano completo, invita a mirar de cerca y hacer interpretaciones luego se presenta nueva interpretación visual y se pide que se observe detenidamente y reevalúe su interpretación inicial. Este proceso permite flexibilizar de manera dinámica el pensamiento, evidenciando que siempre cuando se tiene una mirada parcial puede llevarnos a una interpretación sesgada del tema.

Rutinas de pensamiento visible para Pensar-Cuestionar-Explorar:

a) **CSI:** (Color, Símbolo, Imagen), captar la esencia a través de metáforas utilizando un color, un símbolo y una imagen para representar las ideas que han identificado.

b) **Oración-Frase-Palabra**: rutina que se trabaja con textos, para resumir y extraer las ideas principales, contextos y conocimientos. Busca develar lo que el lector encontró importante.

   – Oración: capta la idea central del texto.

   – Frase: que haya logrado captar su atención provocando una emoción.

   – Palabra: elegir aquella palabra que más se relacione con la idea central y evoque una reflexión.

2.1.2. *Aprendizaje a través de proyectos*

Rutinas de pensamiento visible para sintetizar y organizar las ideas:

a) *Lapbook*: es un libro desplegable (como un tríptico) donde a través de solapas, ventanas, bolsillos, sobres, etc., se muestra toda la información necesaria para trabajar cualquier tema o proyecto de una manera interactiva, visual y creativa, utilizando distintos tipos de materiales.

b) **Revista *Vidas ejemplares***: a través del desarrollo de un proyecto se realiza una evaluación de proceso, donde se visualiza la comprensión de la lectura de una vida ejemplar a través de una revista confeccionada por los propios alumnos que explicita el manejo del contenido y reflexión del tema. Esto se realiza durante las clases. Las instrucciones van detallando cada paso y juntamente con una rúbrica por etapas, donde los mismos alumnos pueden ir observando su proceso de aprendizaje. Ver en *Anexo 5*.

2.2. Experiencia en colegio laico que imparte Religión Católica optativa

Tener una experiencia de fe en la vida cotidiana nos hace crecer como seres humanos, con una convicción de crecimiento personal donde recuperarnos a través de la acción a Dios, comprendiendo que el creer es un acto que internaliza el camino de la pedagogía y nos lleva a un compromiso permanente con nuestros estudiantes.

Después de la pandemia, nuestra vidas cambiaron al igual que nuestros estudiantes. Hemos tenido que buscar metodologías y técnicas que hagan de nuestras clases una experiencia diferente. Este cambio ha tenido resultados inesperados, aumentando la cantidad de estudiantes que optan por la asignatura de Religión. Me refiero a la aplicación del juego, como base de inicio para internalizar el contenido que se abordará en clases. Algunos ejemplos de juegos para utilizar como recurso pedagógico:

a) **Confianza a ciegas**: en esta actividad para estudiantes de 5º Básico, cuyo tema es "Un gran hombre, una gran fe" y cuyo objetivo es apreciar la fe en la vida de Abraham como ejemplo para la propia vida, los estudiantes trabajarán en parejas. Utilizando un pañuelo para cubrirse los ojos, uno de ellos se vendará mientras su compañero lo guía solo con su voz a través de un camino de obstáculos formado por conos y cuerdas. Luego, intercambiarán roles.

b) **Intentando encestar**: para esta actividad, dirigida a estudiantes de 6º Básico, se abordará el tema "El valor de la paciencia" con el objetivo de destacar la importancia de ser pacientes con los demás. La clase se dividirá en tres grupos, y cada estudiante intentará encestar una pelota de papel en un basurero. El grupo que logre encestar más pelotas será el ganador.

Estos dos ejemplos pertenecen a la Fundación *Trabun,* en niveles de enseñanza básica, implementado hace 2 años en 5º, 6º, 7º y 8º.

Los juegos pueden servir para temas como Parábolas, Historias de la salvación (Abraham, Moisés, Reyes, Profetas), así como valores y bienaventuranzas, realizando un juego diferente para cada tema.

Existen investigaciones sobre el beneficio del juego como recurso pedagógico en el desarrollo integral de nuestros estudiantes. Las experiencias del juego lúdico dentro y fuera del aula tienen beneficios en el aprendizaje socioemocional, desarrollo psicomotor, potencia la adquisición de habilidades, reflexión y contenido. Para conocer un poco más sobre este recurso, les invitamos a conocerlo en profundidad en su sitio web[1]. Se realiza la clase teniendo como centro la persona de Cristo, los protagonistas son los estudiantes, siendo quienes construyen activamente el aprendizaje.

2.2.1. *Uso de técnicas de participación*

Evaluamos lo que nuestros estudiantes van aprendiendo. Utilizando como referencia *Enseña como un Maestro 2.0* (Doug Lemov), se puede elegir una técnica por clase:

- **Técnica** *Gira y discute*: su objetivo es generar y proponer muchas ideas, determinar cuáles tienen sentido y por qué.
- **Técnica** *Todos escriben*: su objetivo es preparar a los estudiantes para participar de forma rigurosa, dándoles la posibilidad de reflexionar por escrito antes de pedirles que discutan.
- **Técnica** *Preguntas sin aviso*: consiste en hacer preguntas a los estudiantes, independiente hayan levantado la mano o no.

Otras técnicas que se emplean en este contexto incluyen:

Técnica *Antes pensaba y ahora pienso*: esta rutina se utiliza al inicio de la clase, se entrega un pósit a cada estudiante para que

---

1. Recurso disponible en *https://www.fundaciontrabun.cl/programas*

escriba según el tema los conocimientos previos y al finalizar monitorear el aprendizaje esperado.

Técnica *Ticket de salida*: se utiliza al término de la clase, puede ser una pregunta escrita, respuesta a mano alzada, palito preguntón, etc.

Estas técnicas nos brindan herramientas fundamentales para fomentar y desarrollar tanto la motivación como la confianza en los estudiantes.

2.2.2. Proyecto para mejorar nuestra relación con los demás

- Los estudiantes trabajan en grupos de 3 integrantes, identificando el problema relacional que está presente en un caso ficticio dado.
- Mencionan una parábola, enseñanza o acontecimiento de la vida de Jesús que sirva para orientar el planteamiento de una solución para el problema.
- Proponen una estrategia concreta y realizable para solucionar el problema.
- Mencionan los recursos que se necesitan para llevar a cabo la estrategia.

Los estudiantes evaluarán su proyecto a través de una pauta de evaluación con diversos criterios y con apoyo del docente.

3. Fuentes indispensables para una clase de religión: Biblia, Catecismo y Compendio

3.1. La Biblia como recurso pedagógico

Las dos vías que tenemos para acceder a la revelación son la Tradición y la Palabra de Dios escrita, a la cual nos referiremos en este punto. El Concilio Vaticano I cita: "La Iglesia los tiene por sagrados… porque habiendo sido escritos por inspiración del Espíritu Santo, tienen a Dios como autor, como tales han sido entregados a la misma Iglesia" (DB 70).

Jesús, *Rabí*, como le llaman sus apóstoles, nos muestra el modelo de enseñanza más perfecto para transmitir las enseñanzas de la fe cristiana. Jesús es el pedagogo por excelencia, enseñaba con autoridad. Su enseñanza era oral por medio de ejemplos, discursos y parábolas. Todas ellas hoy contenidas en los Evangelios.

En el Antiguo Testamento, particularmente en el Génesis, está contenida la verdad antropológica del ser humano en su condición de criatura, hombre y mujer a imagen y semejanza de Dios. Hoy, tanta incertidumbre, la "dictadura del relativismo" –como se refería Benedicto XVI para este momento de la humanidad– nos lleva a un campo minado de ideologías que confunden a nuestros jóvenes y dificultan el entendimiento de nuestra verdadera naturaleza para comprender el plan divino. De ahí la relevancia de tener como recurso fundamental de nuestras clases la Biblia. Donde no solo se desprende el concepto de hombre y mujer, sino que además se comprende la unión matrimonial como sacramento, nos acerca a la conciencia del respeto de la vida en todas sus etapas y el sentido de ser responsable del cuidado de la casa común, como el papa Francisco se refiere en Carta Encíclica *Laudato si*. Estos y otros temas actuales son los que podemos abordar en nuestras clases.

Un recurso pedagógico audiovisual novedoso y atractivo es la serie la cual trata de la vida y ministerio de Jesús de Nazaret. Se caracteriza por personificar de una manera más "personal, íntima e inmediata" a la persona de Jesús y su trato con los demás. Devela su naturaleza humana y divina. Es un gran recurso para motivar a conocer la vida de Jesús a través de los capítulos del evangelio.

3.2. Estrategias de uso de la Biblia, técnicas y trabajo en aula de estudiantes de Enseñanza Básica

Hay algunos aspectos claves para la preparación de la enseñanza con Biblia:

1. Observar, leer y preparar el pasaje bíblico que enseñarás.
2. Interpretar el significado del pasaje bíblico y su enseñanza.
3. Aplicar la enseñanza del pasaje bíblico a la vida cotidiana y contexto.

En la enseñanza básica, se pueden realizar diferentes actividades con respecto al trabajo con Biblia, es importante acercar a los estudiantes al conocimiento de Jesús a través de su Palabra. Para lograr este objetivo y llegar a la respuesta de: ¿quién es Jesús de Nazaret?, encontramos textos de los Evangelios que podemos trabajar con estudiantes desde 4° Básico por la profundidad y reflexión del tema. Asimismo, podemos usar un video para inicio y reflexión: *¿Quién es Jesucristo?*, en el canal de YouTube *Listen to Jesus*[2], hasta el minuto 3:51. El video explica de modo general, quién es Jesús y su relevancia para nuestra vida. También podemos leer, como apoyo, el artículo de Antonio Rivero *¿Qué dijo Jesús de sí mismo?*[3], disponible en Catholic.net.

De este modo, algunos pasajes de los Evangelios que sugerimos para trabajar con estudiantes de manera práctica para descubrir la pregunta inicial pueden ser los siguientes:

- Jn 14,5-6, El camino, la verdad y la vida.
- Jn 11,21-26, La Resurrección y la vida.
- Jn 8,12, La Luz del Mundo.
- Jn 10,11-17, El buen pastor.
- Jn 6, 35 y 48, Yo soy el pan de la vida.

---

2. Recurso disponible en *https://www.youtube.com/watch?v=STRNW1Y-hz4*

3. Rivero, P. Antonio. *¿Qué dijo Jesús de sí mismo?* Disponible en *https://es.catholic.net/op/articulos/17584/cat/690/que-dijo-jesus-de-si-mismo.html#modal*

Los estudiantes buscan la cita bíblica que se les asignó, realizan su lectura silenciosa, comparten sus apreciaciones con sus compañeros y luego representan, a través de un dibujo, aquella frase por medio de la cual Jesús se refiere a sí mismo. En él, cada estudiante escribirá la cita bíblica más significativa del pasaje que han leído, que deberá tener una directa relación con el dibujo. Pueden apreciar el ejemplo en *Anexo 6*.

3.3. *Libros recomendados, lecturas complementarias y recurso audiovisuales*

Libros recomendados y lecturas complementarias
– Los Santos Evangelios
– El Catecismo
– Las Encíclicas
– *La Fe Explicada hoy*, Joe Babendreier (a modo de consulta).
– *Bioética. El valor de la vida humana a la luz de la razón y la fe*, Mons. Fernando Chomalí.
– *Historia de un alma*, santa Teresa de Lisieux
– *Confesiones*, san Agustín
– *Los siete Sacramentos*, Enric Moline
– *Teología Fundamental I*, Jutta Burggraf
– *Como quieras Tú. Cuarenta meditaciones sobre la pasión del Señor*, Francisco Fernandez Carvajal (Tiempo de cuaresma)
– *Llamados a la felicidad. Por el camino de las bienaventuranzas*, Alvaro Rocha Genie
– *10 ateos que cambian de autobús*, José Ramón Ayllón
– *Jesús*, José Miguel Ibañez Langlois
– *El amor que hizo el sol y las estrellas*, José Miguel Ibañez Langlois
– *Misterio de Dios*, Lucas Mateo-Seco y Miguel Brugarolas
– *Teología para empezar*, Luis Enrique Cases Martín y Luis Ernesto Benito
– *Biografía de la luz*, Pablo D'ors

Películas, series y recursos audiovisuales

Películas:

– *Fátima 2020*

– *San Felipe Neri*

– *Cartas de la Madre Teresa*

– *Milagros del cielo*

– *Dios no está muerto 1, 2 y 3*

– *Pablo, el apóstol de Cristo*

– *José, el Rey de los sueños*

Series:

– Esta serie sobre la vida de Jesús se distingue por su fidelidad a los Evangelios y por una lograda caracterización de algunos personajes.

Podcast:

– *Seamos Santos*, Sofía Carreón. Comunicadora del Regnum Christi, acerca a la espiritualidad a través de su podcast para el día a día.

Vídeo:

– *CATEQUIZIS*, proyecto de la Fundación INFINITO+1, de Juan Manuel Cotelo. A través de videos en YouTube toda la familia puede acceder a formación, oraciones y ratos divertidos en los que especialmente los niños pueden avanzar en su camino en la iniciación cristiana.

– El rapero Grilex y su conversión a la fe católica.

– *Contagiosos*, varios capítulos que muestran testimonios de conversiones actuales.

3.4. Oraciones fundamentales

La oración vocal tiene su larga tradición desde los primeros tiempos, el catecismo hace referencia de esta manera a su importancia:

> **2701** La oración vocal es un elemento indispensable de la vida cristiana. A los discípulos, atraídos por la oración silenciosa de su Maestro, éste les enseña una oración vocal: el "Padre Nuestro". Jesús no solamente ha rezado las ora-

ciones litúrgicas de la sinagoga; los Evangelios nos lo presentan elevando la voz para expresar su oración personal, desde la bendición exultante del Padre (cf. Mt 11, 25-26), hasta la agonía de Getsemaní (cf. Mc 14, 36).

2702 Esta necesidad de asociar los sentidos a la oración interior responde a una exigencia de nuestra naturaleza humana. Somos cuerpo y espíritu, y experimentamos la necesidad de traducir exteriormente nuestros sentimientos. Es necesario rezar con todo nuestro ser para dar a nuestra súplica todo el poder posible.

2703 Esta necesidad responde también a una exigencia divina. Dios busca adoradores en espíritu y en verdad, y, por consiguiente, la oración que brota viva desde las profundidades del alma. También reclama una expresión exterior que asocia el cuerpo a la oración interior, porque esta expresión corporal es signo del homenaje perfecto al que Dios tiene derecho.

2704 La oración vocal es la oración por excelencia de las multitudes por ser exterior y tan plenamente humana. Pero incluso la más interior de las oraciones no podría prescindir de la oración vocal. La oración se hace interior en la medida en que tomamos conciencia de Aquél "a quien hablamos" (Santa Teresa de Jesús, *Camino de perfección*, 26). Por ello la oración vocal se convierte en una primera forma de oración contemplativa.

Haciendo referencia a lo visto anteriormente, se presenta un cuadro de oraciones por niveles a modo de sugerencia y según la experiencia de la práctica docente.

Pre Kinder y Kinder	- Persignarse, Padre Nuestro y Ave María
1° básico	- Señal de la cruz - Bendita sea tu pureza - Ángel de la guarda - Bendición de las comidas
2° básico	- Oh Señora mía - Gloria - Señor mío Jesucristo (corto) - Yo confieso - Jaculatorias de confesión - Comunión espiritual
3° básico	- Acordaos - Visita al Santísimo - Credo - Salve - Alma de Cristo - Angelus
4° básico	- Padre nuestro (latín) - Regina Coeli - Misterios del Rosario - Bendición con el Santísimo
5° básico	- Ven Espíritu Santo - Cantos de la Bendición - Padre nuestro (latín) - Ave María (latín)
6° básico	- Oración a San José - Oración a San Miguel - Oración preparatoria y final de la oración mental

7° básico	- Señor mío Jesucristo (largo) - Oración del Mes de María - Oraciones Santa Misa - Ave María (latín)
8° básico	- Adoro Te Devote - Misterios del Rosario y Letanías - Ave Maria (latín)
I° medio	Repaso Misterios del Santo Rosario
II° medio	Oración al Espíritu Santo
III° medio	Repaso de todas las oraciones.
IV ° medio	Repaso de todas las oraciones

Anexos

Anexo 1

"Transmitir la luz de la fe": díptico para leer la Biblia y para llevar una lectura consciente.

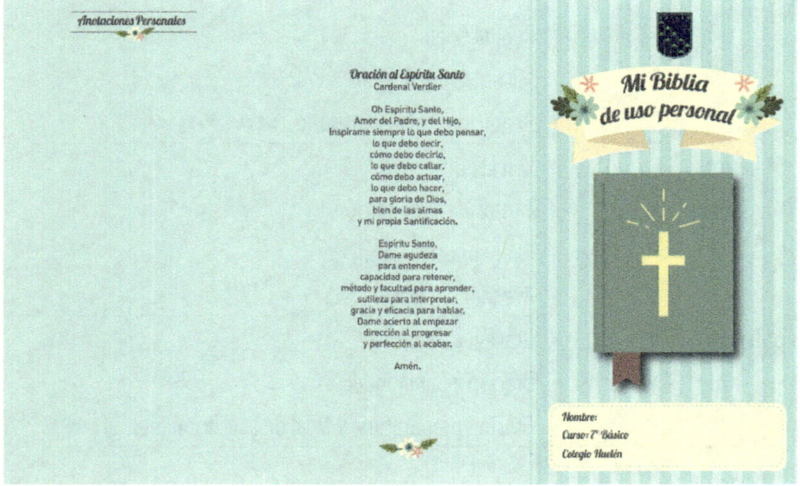

Una Biblia de uso personal

Conviene que cada persona tenga su propia Biblia en la que libremente vaya marcando los textos más importantes o más significativos en relación con su vida de fe, con su seguimiento de Cristo, con su vida de oración, de apostolado, etc. Incluso que vaya poniendo anotaciones personales con post it, inquietudes originadas de la propia reflexión, apuntes tomados de retiros, ... Sólo así se aprende de verdad.

Conocer bien la propia Biblia

Antes de estudiar el texto sagrado, hay que echar un vistazo general a la edición de tu Biblia; ver qué dicen los editores sobre el manejo del libro, ver cómo se citan los libros, qué introducciones hay, qué notas, mapas, o temas especiales, etc.
Cada uno debe familiarizarse bien con su propia Biblia.

Leer y estudiar las Introducciones

Es muy conveniente leer las Introducciones que se ponen a cada libro o a los diversos grupos de libros. Casi todas las Biblias modernas católicas tienen muy buenas introducciones. La Biblia de Jerusalén es excelente en este punto y es la que ha inspirado casi todas las ediciones posteriores de la Biblia.
Algunas personas se dedican primero a leer y estudiar todas las introducciones de cada libro y luego comienzan la lectura del texto bíblico mismo. Es lo mejor y más recomendable.

Leer y meditar la Biblia

A continuación, ya se puede comenzar a leer y a estudiar el texto bíblico. Pero la Biblia es muy larga, y para todos nosotros nos resultará muy difícil, si no imposible, leerla toda desde la primera página hasta la última. Por tanto, hay que ser prácticos.

Si es la primera vez que te acercas a la Biblia, te proponemos un itinerario de lectura:

a) Empieza con el Evangelio de San Lucas. En éste podrás conocer los rasgos más atrayentes de Jesús de Nazaret, nacido de la Virgen María.

b) Continúa con el libro de los Hechos de los Apóstoles. Allí podrás ver la hermosa actividad de la Iglesia naciente.

c) Después te recomendamos volver a los Evangelios, primero Marcos, luego el de Mateo y finalmente el de Juan.

Puedes intercalar con la lectura de alguna Carta de los Apóstoles: por ejemplo, a los Corintios, los Tesalonicenses, etc. Otra forma es tener un calendario litúrgico y leer las lecturas que corresponden al día.

El Nuevo Testamento

Para el cristiano lo más importante son los cuatro Evangelios, que son el alma de toda la Biblia, y luego los otros libros del Nuevo Testamento. Eso ha de ser el objetivo constante de nuestra lectura o estudio. Pero es bueno conocer, siquiera básicamente, el Antiguo Testamento: Génesis, Éxodo, Deuteronomio, Josué, 1 y 2 de Samuel, 1 y 2 de Reyes, Salmos, Proverbios, Eclesiastés, Cantar, Sabiduría, Isaías, Jeremías, Ezequiel, Amós, Miqueas, Jonás.

Lectura y meditación de la Biblia

Después de haber leído la introducción de un libro, comienza a leer el texto mismo. No te apresures en leer todo de una vez. Lee solamente un pasaje, o un párrafo. Lee con atención y respeto, abriendo tu corazón a lo que Dios te quiere expresar.

En la primera lectura de un texto, te conviene leer siempre las notas explicativas que se encuentran debajo del texto bíblico. Estas notas explicativas y los comentarios van a clarificarte la comprensión de los textos bíblicos más difíciles.

Son explicaciones escritas por especialistas y hay que tratar de entenderlas y, normalmente, han de ser aceptadas con confianza. Muchas personas, por no leer atentamente las notas explicativas quedan sin comprender un texto en su contexto propio, sin comprender los diversos estilos y doctrinas, y luego abandonan la lectura por aburrimiento.

Y ahora, ¡a comenzar!...

•Trata de organizar tu vida de tal manera que todos los días encuentres un momento de 5 a 10 minutos para la Biblia.

•Busca un lugar tranquilo.

•Lee sistemáticamente, no saltando de una parte a otra, ni abriendo el libro al azar.

•Nunca leas la Biblia para satisfacer tu curiosidad o sólo para saber más, sino para indagar lo que Dios quiere decirte. Pues la Biblia es la Palabra de Dios, es la carta que Él envía a sus hijos.

•En la Biblia no busques ciencia, sino sabiduría. No tengas miedo de subrayar y poner anotaciones en tu Biblia. La Biblia no es un libro para guardar, sino para ser leída. Dice san Jerónimo: «No debes retirarte al descanso nocturno sin haber llenado tu corazón con una pequeña parte de la Palabra de Dios».

Lectio Divina: cuadernillo que consta de 6 pasos para aprender a rezar con el evangelio.

LA LECTIO DIVINA

¿Qué es la Lectio Divina?

•Es una tradición muy antigua para hacer oración mental con la Palabra de Dios.

•Es un ejercicio para aprender a rezar.

•Es la lectura creyente de la Palabra de Dios. Como Él mismo nos dice en el texto de Isaías 55, 10-11: "Como descienden la lluvia y la nieve de los cielos y no vuelven allá, sino que empapan la tierra, la fecundan y la hacen germinar, para que dé simiente al sembrador y pan para comer, así será mi palabra, la que salga de mi boca, que no volverá a mí vacía, sin que haya realizado lo que quise y haya cumplido aquello a lo que la envié."

•La Lectio Divina más que un método de lectura y oración de la Biblia, es una experiencia de Dios, pues a partir del conocimiento del texto escrito, se busca la experiencia de encuentro personal con Dios, la que es base de toda la revelación.

•La Lectio Divina como medio para la experiencia de Dios a partir de la Escritura, no se agota en el texto escrito, en sí, eso no es el fin del método, sino que partiendo del texto se busca al Señor, para encontrarlo vivo y presente en su Palabra escrita, para reconocerlo en su palabra viva en la vida de cada día. Y de este encuentro con el Señor, que siempre es un encuentro vivo y actual, que siempre es novedoso, que siempre tiene facetas y modos diferentes y únicos, se llega a la vida, que es el lugar donde se cataliza y se visualiza toda experiencia de Dios. Es en el actuar, en la cotidianeidad del día a día, donde aquello que fue rezado se debe manifestar.

•Es por esto que la Lectio Divina, si bien trabaja el texto escrito, lo profundiza, lo reflexiona, lo reza, siempre tiene la perspectiva de la vida, siempre busca aplicar esa palabra al día a día, a hacer vida aquello que fue conocido por medio de la Escritura. Para los cristianos el texto bíblico no es meta en sí misma, no buscamos apenas conocer cosas de la Biblia para repetirlos mecánicamente, sino que la finalidad y la meta de la revelación es la adhesión consciente, libre y amorosa a Aquel que se nos ha revelado en las Escrituras. Es por esto, que decimos que la Lectio Divina nos introduce a una experiencia de Encuentro con Señor por medio de pasos que van profundizando el texto bíblico. Pues es sabido que lo fundamental no es saber cosas de la Biblia, sino vivirlas y hacerlas actitudes y gestos concretos, actualizando la vida y el proyecto del Señor Jesús.

•Decimos que la Lectio Divina favorece en encuentro con el Señor, ya que la metodología no se limita ni se agota en tratar el texto en sí mismo, buscando conocer su situación, su estructura, su gramática, ni su teología. Todo esto sí se tiene en cuenta, y son la base para cualquier reflexión bíblica, de hecho, estos aspectos son considerados en la LECTURA y la MEDITACION. En la medida que se tenga

Anexo 2   *Recursos digitales*

- *Meditaciones diarias de José Brage*. Una meditación diaria, centrada en Jesucristo, tal y como aparece en el evangelio y las oraciones de la misa del día. Meditaciones extras de retiros mensuales y cursos de retiro espirituales. Audiolibros de espiritualidad.

- *Rezar en el Metro*. Esta app gestiona cientos de audios y/o vídeos. Te permite escucharlos en *streaming* o descargarlos en tu dispositivo, formando tu biblioteca. Grandes homilías, cursos, clases y predicaciones en español. Te servirá también para rezar el Santo Rosario o alguna de las oraciones del devocionario, para ver interesantes conferencias... La app actualiza audios continuamente. Algunos autores son el papa Francisco, Mario Iceta, Pablo Domínguez, Jesús Higueras, Fulgencio Espa, José Pedro Manglano, Jesús Higueras, Cantalamessa, entre otros.

- *Seamos Santos*. Podcast de Sofía Carreón.

- *eScrivaLite*. App que entrega una manera fácil y atractiva de leer el Evangelio del día y de acceder a los escritos publicados de san Josemaría relacionados con ese evangelio.

- *10 minutos con Jesús*. Ratos de oración en diferentes plataformas como Spotify, Instagram o YouTube, que sirven de ayuda para conectar cada día con Jesús. También disponible en la app.

- *Crecerxaadentro*. Cuenta de Instagram con claves que te ayudan a "crecer para adentro" con textos de san Josemaría y que te animan a vivir para los demás.

- *Vía Crucis App*. Disponible en cuatro idiomas y con imágenes de la artista suiza Bradi Barth. El proyecto fue desarrollado por la productora argentina *Luz Libre* y se puede encontrar gratuitamente en Google Play y Apple Store.

Anexo 3   Plataformas didácticas

- *Slides.com*. Es una plataforma en línea que permite crear presentaciones interactivas y colaborativas en tiempo real.
- *Haiku Deck*. Está diseñada para crear presentaciones visualmente atractivas con una variedad de plantillas y acceso a una biblioteca de imágenes de alta calidad.
- *Powtoon*. Se centra en la creación de presentaciones animadas y videos explicativos, lo que puede dar vida a tus presentaciones de una manera única.
- *Emaze*. Ofrece plantillas y efectos de presentación únicos para crear presentaciones atractivas y visualmente impactantes.
- *Zoho Show*. Es una herramienta en línea de Zoho Office Suite que permite crear y colaborar en presentaciones.

Anexo 4   Ejemplo Arte/Religión

Afiches que invitan a reflexionar en la comunidad educativa

Arte cristiano para aplicar una rutina de pensamiento: ¿qué veo?

Obra de Arte

Obra de Arte estudiante 1° básico

Del mismo modo se puede realizar con obras de arte de Semana Santa mostrando obras del pintor (Il Giotto) en todos los niveles.

Obra de Arte

Obra de Arte estudiante 4°Básico

Anexo 5

Lapbook;: libro desplegable con solapas, ventanas, bolsillos, sobres. Se muestra la información de un tema o proyecto de manera interactiva, visual y creativa.

Revistas *Vidas ejemplares*: a través de una revista confeccionada y por los propios alumnos que explicite manejo del contenido y reflexión del tema.

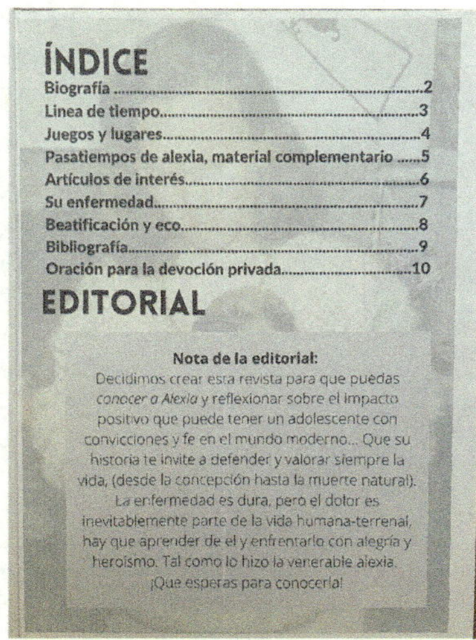

Anexo 6   cita bíblica que se representa a través de un dibujo

Ejemplo de actividad a realizar

Trabajo realizado por estudiante

"Yo soy el buen Pastor: el buen
"Yo soy el Pan de la vida"(Jn 10,11-16)

Pastor da la vida por las ovejas"

V

Actividades para el aula en secundaria: un camino con sentido

Ángeles Cabido
I.E.S. Padre Moret Irubide Pamplona (Navarra-España)
Educación Secundaria y Bachillerato (centro de enseñanza pública de 12 a 17 años)
amarmebienamartebien@gmail.com

1. Introducción

A la hora de educar hemos de conocer cuál es la **meta** que deseamos alcanzar, cuál es el **punto de partida** y cuáles son los **medios o recursos** con los que contamos para llegar a tal fin. Esto es, debemos prever (ver con anticipación) el camino que vamos a recorrer, atendiendo, de manera especial, a las personas que nos han sido encomendadas, y a sus necesidades concretas, en esta etapa de la vida en la que se nos ha concedido el don de acompañarlas. Por esta razón, quisiera apuntar que el ejercicio de la educación y el método educativo comienza con la **mirada**. Una mirada profunda sobre el entorno en el que vive nuestro alumnado y una mirada profunda sobre su **corazón** que late con una **identidad** y una **vocación** concretas: ser creado por y para el **amor**.

Atendiendo a la mirada, dice el Talmud, uno de los textos sagrados más importante del judaísmo, que: "no vemos el mundo como es, sino que vemos el mundo como somos". Partiendo de esta afirmación podríamos preguntarnos: ¿Cómo veo yo a mis alumnos? ¿Qué rasgos encuentran ellos en mi mirada? ¿Cómo me ven ellos a mí? ¿Cómo ven la asignatura de religión? ¿Y el mundo?

¿Encuentran conexión entre la clase de religión y la vida? ¿Cuáles son las dinámicas, herramientas y actividades que que conectan más con sus anhelos? ¿En qué medida las actividades propuestas les ayudan a profundizar en su identidad y vocación? ¿Cómo contribuyen mis clases a que mis alumnos y alumnas conozcan a Dios, se descubran amados por Él y quieran vivir con autenticidad su vida cristiana? ¿Cómo les ayuda esta u otra actividad a responder a las preguntas de la vida y a ser aquello que están llamados a ser? ¿Cómo consigue esta asignatura ser luz en el camino de la vida?

Una premisa en educación es considerar que dar respuestas a preguntas no planteadas o preguntar por aquello sobre lo que no se tiene interés, además no servir para nada, puede llegar a provocar un gran rechazo. Por el contrario, ¿qué ocurriría si comenzásemos cada clase, cada unidad, introduciéndonos en la realidad de nuestro alumnado y, partiendo de ella, intentásemos provocar el asombro que da lugar a las preguntas necesarias para el aprendizaje? El Papa Benedicto XVI decía que "desde que Jesús se hizo humano todo lo humano habla de Dios". ¿Y si el recorrido que proponemos en la asignatura de religión, a través de los textos y actividades de diversa índole, partiese de lo más humano y les ayudase a desarrollar todo su potencial, para vivir armónicamente y de manera integral elevando su mirada hacia al cielo?

Este es el reto que tenemos por delante, que cada día, cada uno de nuestros alumnos, salga del aula con la convicción de que lo aprendido en la asignatura, y en el trabajo personal o grupal realizado en las actividades, conecta con su vida y le sirve de orientación a la hora de dirigir sus pasos, con sentido, hacia la meta para que la está hecho su corazón.

2. Partiendo de la realidad

Es probable que en numerosas ocasiones hayamos pensado que "el mundo va a peor, que la humanidad está perdida..." sin embargo, ni todo está tan mal, ni la humanidad está tan perdida. Siendo honestos, sabemos que ni en esta época ni en ninguna otra se han inventado ni pecados ni virtudes nuevas. Lo que sí es obvio es que, por falta de referentes cercanos, de valores firmes o de una buena formación, cada vez son más las personas que se encuentran verdaderamente desorientadas en el camino de la vida. Y ésta es la realidad que nos toca vivir, nuestro punto de partida. Si queremos educar y acompañar a los niños y adolescentes del siglo XXI tendremos que conocer cómo son, cómo se encuentran, qué les ocurre y les interesa... creando puentes de diálogo que nos hagan descubrir que lo que nos une siempre va a ser más grande que lo que nos separa.

Observando, pues, la realidad, podríamos apuntar que toda persona vive condicionada, y no determinada, por tres factores a los que debiéramos atender:

- **La fisiología humana**: no es lo mismo ser hombre o ser mujer, tener una edad u otra, estar sano o enfermo, cansado o descansado...
- **La experiencia personal**: aquello que se ha vivido, lo que nos han hecho o hemos hecho, cómo hemos sido tratados y cómo hemos tratado a los demás...
- **El entorno que nos rodea**: los impactos que recibimos a través de la cultura, las modas, los referentes en quienes nos fijamos...

Si atender a estos tres factores resulta esencial para nuestra tarea docente, mucho más lo resulta la introducción en la realidad total, es decir, el no perder nunca de vista que seamos como seamos y vivamos como vivamos, hemos sido creados por un Dios que nos ama. Ésta nuestra realidad más profunda, nuestra verdadera identidad y vocación: ser imagen de un Dios que es Amor y estar hechos para el encuentro con la plenitud de ese Amor.

Partir de la realidad es, en conclusión, que en todas las etapas del método educativo consideremos:

- **El punto de partida – identidad:** somos porque somos amados. "Y vio Dios lo que había hecho era muy bueno". (Gn 1,31).
- **El camino a recorrer – medios:** dirigiendo los anhelos profundos de nuestro alumnado y los deseos del día a día hacia su verdadero fin.
- **La meta – vocación:** recordando que nuestro corazón está hecho para el cielo, para el encuentro con Dios. Sabiendo que todo lo que nos conduce hacia el bien, hacia Dios, tiene sentido y aquello que no sirve para acercarnos a Dios, no sirve para nada.

¡Que nunca perdamos de vista esta introducción en la realidad total en nuestro día a día en el aula!

3. El método

El método educativo es el propio docente, por ende, existen tantos métodos como profesores. Ya lo dice el refranero popular: "Cada maestrillo tiene su librillo" o, lo que es lo mismo, cada maestro da lo que es y lo que tiene. De ahí la gran necesidad que tenemos de cuidarnos, cultivarnos, actualizarnos… sometiendo a juicio personal si estamos viviendo auténticamente, conforme a esa llamada que Jesús nos ha hecho y nos hace, para llevar a cabo la misión encomendada.

En lo que sigue, partiendo de mi propia experiencia docente y las premisas de los apartados anteriores, quisiera compartirles un camino que, a lo largo de los últimos años, he puesto en marcha en las aulas con mi alumnado[1].

Este camino es un recorrido de siete etapas que, partiendo de los **ojos**, pretende llegar al **corazón**, para que este se abra a la escucha de la **Palabra** y disponga la **razón** a la comprensión de los contenidos de la fe, a la contemplación de los misterios de la **liturgia**, a la valoración del **arte y la cultura religiosas** para que culmine con un **compromiso** que lleve al alumno de la teoría a la vida, es decir, de las letras a la acción.

4. Un recorrido en 7 pasos

4.1. Abre los ojos

El mundo nos entra por los sentidos y, de manera especial, a través de los ojos. Comencemos pues, nuestro recorrido por ahí. La primera etapa de este camino busca que el alumnado abra sus ojos, favoreciendo el asombro. Y, ¿qué es el asombro? Dice Santo Tomás que "el asombro es no dar el mundo por supuesto".

- El **objetivo**: que nuestro alumnado se vea impactado afectivamente ante una imagen para que, tomando conciencia de sus verdaderas inquietudes respecto al tema que vamos a abordar, aparezca el interés de buscar respuestas a los interrogantes que se plantea.

- El **método**: elegiremos una imagen impactante que tenga que ver con los contenidos a trabajar. Daremos un tiempo para reflexionar acerca de las emociones que despierta y de

---

1. Dicho camino puede encontrarlo materializado en la última colección de los libros de texto de Religión Católica de la editorial Casals para educación secundaria.

los interrogantes que suscita. Haremos una puesta en común y entonces, pero solo entonces, podremos ofrecer una primera reflexión inicial que introduzca los aspectos esenciales de la unidad. Dicha reflexión ha de dejarse abierta con las preguntas que han surgido en la puesta en común. Sería conveniente, por tanto, que el docente anote dichas cuestiones y vuelva sobre ellas a lo largo de la unidad, asegurándose que los alumnos van encontrando las respuestas adecuadas, sin olvidar que las que más convencen son aquellas que cada uno concluye de manera personal. Será labor del docente ayudar y guiar constantemente sus respuestas hacia la conclusión más acertada.

— Un **ejemplo**: si quisiéramos trabajar el tema de la fe, podríamos elegir una imagen de una persona haciendo *puenting* y, tras hacernos las preguntas oportunas sobre qué siente, de dónde le viene la confianza para saltar… apelaríamos a la experiencia personal sobre la confianza, para terminar, anotando las características propias de la fe.

4.2. *Conecta el corazón*

Decía Pablo VI que "el hombre contemporáneo escucha más a gusto a los que dan testimonio que a los que enseñan, o si escucha a los que enseñan, es porque dan testimonio". Ese hombre contemporáneo, el de entonces pero también el de ahora, está necesitado de referentes que le inviten a nadar "a contracorriente". Si, como veíamos en apartados anteriores, todos estamos condicionados por el entorno en que vivimos… ¿por qué no buscar dichos testigos en el entorno en el que se mueve nuestro alumnado? Y, ¿cuál es ese entorno? Pues, en gran medida, el de las redes sociales.

Hoy día, existen verdaderos *influencers* de la fe en Internet. Personas jóvenes, y no tan jóvenes, que están haciendo una labor encomiable. Si visibilizamos sus vidas quizás pueden llegar a convertirse en verdaderos referentes para los niños y adolescentes, desbancando a otros que no lo son tanto.

Si nuevamente comenzamos este apartado introduciéndonos en la realidad de nuestros alumnos tomaremos conciencia de que estos invierten muchísimas horas de la semana en Internet y es, precisamente ese entorno digital, un lugar excelente para encontrar (en YouTube, Instagram, TikTok…) contenido testimonial de gran calidad. Habrá que buscarlo y darlo a conocer.

- El **objetivo** de este apartado es que la vida de la persona que vamos a trabajar se convierta en el trampolín que ayude al alumno a zambullirse, a través de la experiencia de otro, en los contenidos teóricos esenciales de la unidad.

  Tocar el corazón antes que la razón es una aproximación a la recomendación que nos hacía Pablo VI porque, sin duda, el corazón de la persona se conmueve más ante otro corazón que le interpela que ante unos contenidos teóricos.

- El **método**: en primer lugar, hemos de elegir y ofrecer un testimonio de alguien joven, que use un lenguaje vivo, apasionado y coherente y que, además, transmita una verdad esencial en torno al tema que vamos a abordar.

  Tras la lectura de la historia personal sería conveniente proyectar un pequeño fragmento audiovisual. Puntualicemos que nuestros alumnos son nativos digitales y que, a futuro, van a recordar lo que oyen y lo que ven más fácilmente que lo que únicamente leen. En cuanto a las actividades, con el fin de extraer las conclusiones adecuadas, podrán ser muy diversas.

  Por un lado, podemos fijar la atención en un acontecimiento clave del testimonio y, a través de él, proponer actividades que le ayuden a desarrollar **habilidades para la propia vida**: autoconciencia, pensamiento crítico, empatía… con preguntas del estilo: ¿Has vivido en alguna ocasión algo similar? ¿Qué harías tú si estuvieses en su lugar? ¿Qué consejo le darías a una persona que ha pasado por lo mismo? ¿Cómo crees que se sentía el protagonista ante lo sucedido? Por otro, podemos **profundizar en el significado de palabras clave** que hemos incorporado a ese testimonio y que están relacionadas directamente con los temas que vamos a explicar. Por ejemplo: ¿Qué crees que significa esta expresión? ¿A qué crees que se refiere con esta palabra…?

Además, si en el testimonio se ha mencionado alguna realidad eclesial concreta, debemos aprovechar para elaborar un **trabajo de investigación o creatividad** reflejando lo aprendido en un podcast, una infografía…

— Un **ejemplo**: si hemos elegido como testimonio para trabajar la defensa y la dignidad de la vida humana, el de una joven que cuando se queda embarazada todos le animan a abortar… Podríamos trabajar la empatía profundizando en los sentimientos que creemos que está experimentando y por qué. Además, podríamos fomentar el pensamiento crítico sobre qué es necesario para decidirse a tener un encuentro íntimo sexual. A continuación, podríamos preguntar sobre la dignidad de la vida y el 5º Mandamiento de la Ley de Dios. Y, para terminar, podríamos invitar a indagar sobre los recursos que ofrece la Iglesia para apoyar a las mujeres embarazadas en situación vulnerable. Los resultados de dicha investigación podrían presentarse a través de un *visual thinking*, un podcast, un vídeo… que, a su vez, podrían incorporarse a un blog, a un canal de YouTube o a una historia en redes sociales… formando parte de un proyecto mayor. De esta manera, además de conectar con el corazón de nuestro alumnado, también lo haríamos el de aquellos que se encuentren con su trabajo.

4.3. Escucha su Palabra

"La palabra de Dios es viva y eficaz, más tajante que espada de doble filo; penetra hasta el punto donde se dividen alma y espíritu, coyunturas y tuétanos; juzga los deseos e intenciones del corazón" (Heb 4,12) y, sin embargo, a veces resulta incomprensible para esta generación.

No nos equivoquemos, a Jesús y a su mensaje no hay que hacerlos atractivos porque ya lo son, de hecho, no hay nadie ni nada más atractivo porque no hay nadie ni nada que corresponde al anhelo del corazón como lo hace el Señor y su Palabra. Sin embargo, a veces no hemos sabido presentar su Palabra para que resulte comprensible para los hombres y mujeres de cada época, corriendo el riesgo de que puedan caer en el fundamentalismo o en una falsa interpretación.

- El **objetivo** es uno de los retos a los que nos enfrentamos los profesores de religión: "hacer comprensible el mensaje de Jesús a esta generación". Pero, ¿cómo? Como lo hizo Él, saliendo a al encuentro a través de las circunstancias de la propia vida, de la propia experiencia, para luego descubrir algo que va más allá de la misma y que se convierte en invitación para un iniciar un cambio de vida.

- El **método**: antes de leer el fragmento bíblico seleccionado es conveniente proponer una reflexión inicial acerca de una circunstancia similar a la que vamos a estudiar, es decir, **partir de un acontecimiento vital**, de una experiencia vivida. Si esto no fuese posible se podría hacer referencia al testimonio del apartado anterior. Sea como fuere, aquí se hace necesario partir siempre de una experiencia humana desde la cual el alumno **despierte** y, al descubrir la relación que existe entre el fragmento bíblico y su vida, aparezca un interés sincero por la Palabra de Dios. A continuación, se invita a que **descubra**, tras la lectura y el análisis teológico del texto, las verdades esenciales de ese fragmento bíblico. Para crecer en el conocimiento y en la comprensión de la Palabra de Dios debemos trabajar actividades que nos ayuden a "**descubrir**" y comprender qué dice y por qué. Ahondando en las claves teológicas y en la contextualización, podemos continuar el camino siguiendo el esquema de la lectio divina: qué dice, qué me dice, qué le digo yo… Y, si las circunstancias lo permiten, favorecer incluso la oración personal.

El camino de esta lectio quedaría incompleto si de la teoría no pasamos a la acción. Por esta razón, el último bloque de actividades que propongo ofrecer es **ponerse en camino** y llevar a la acción concreta la enseñanza aprendida, haciendo vida lo aprendido.

—   Un **ejemplo**: si quisiéramos trabajar el pasaje del hijo pródigo podríamos preguntarnos, en un primer momento antes de la lectura, acerca de las ganas que a veces tenemos de salir de casa en búsqueda de una promesa de felicidad. Se podría enfocar así: ¿Alguna vez has tenido ganas de huir? ¿Por qué crees que aparecen? ¿Qué buscas? ¿Qué crees que nos ocurre cuando descubrimos que la felicidad no está fuera si no dentro? Si además queremos ahondar en el acontecimiento del arrepentimiento podríamos añadir: ¡Cuántas veces en la vida nos equivocamos, nos hacemos daño y hacemos daño a las personas que más queremos! Recuerda una situación en la que hayas vivido algo similar, te hayas arrepentido y hayas vuelto para pedir perdón. Luego responde: ¿Qué te hizo volver? ¿Qué esperabas de esa persona? Con esta primera reflexión ya habríamos **despertado** para pasar ahora a **descubrir** qué mensaje encierra este fragmento. Para este fin, hemos de incorporar preguntas que lleven a analizar qué dice el texto. Siguiendo con el ejemplo de la parábola del hijo pródigo podríamos preguntar: ¿A quién reparte el padre la herencia? ¿Qué puede significar este gesto? ¿Qué hace el hijo pequeño con ella? ¿Qué verbos definen la actitud del hijo tras tomar la decisión de volver a casa? ¿Cómo reacciona su padre al verle? ¿Qué crees que nos enseña esta parábola acerca de Dios? Y, para terminar, podríamos animarlos a **ponerse en camino**, considerando las respuestas anteriores, y el significado de ese "volver a casa" a través de la confesión o también, a través de un ratito de oración personal delante del Sagrario, contándole a Dios los caminos por los que hemos andado, en los que nos hemos perdido o desorientado…

4.4. *Despierta la razón*

Tras el camino recorrido hasta ahora, llega el momento de exponer los contenidos esenciales de la unidad. Si estos responden a los interrogantes del "abre los ojos", explican lo ocurrido en el "conecta el corazón" y profundizan en la acción llevada a cabo tras el "escucha su Palabra", conseguiremos captar suficientemente su atención.

- El **objetivo** de las actividades de este apartado es asimilar y comprender los contenidos y enseñanzas esenciales de la unidad evaluando lo aprendido y favoreciendo su aplicación.

- El **método** para conseguirlo será con actividades muy variadas. Para empezar, sugiero, antes de la exposición de los contenidos teóricos de cada una de esas páginas, comenzar con una actividad experiencial. Ésta bien puede ser una dinámica, una teatralización, una canción, una noticia de Iglesia o una vida de una persona santa, entre otras. Tras la actividad experiencial vendrían los textos expositivos con los contenidos teóricos y, para terminar, diversas actividades que pretendan ayudar a **comprender, valorar y aplicar lo aprendido.**

— Veamos algunos **ejemplos** de actividades para antes y después de esos textos expositivos. Imaginemos que vamos a abordar el tema del sentido de la vida. Como actividad inicial podríamos trabajar con una adaptación del juego de "la gallina ciega". Para ello, haríamos dos grupos de tres personas. Pediríamos a una de persona de cada grupo que cerrase los ojos, le daríamos unas vueltas sobre sí misma y, con la confianza de que sería capaz de conocer y reconocer la voz de sus compañeros, se tendría que fiar de sus indicaciones para llegar a la meta. Esta meta podría ser sencillamente un post-it con su nombre. Simulando que el camino a recorrer es el de la vida, introduciríamos algunos obstáculos que aquí podrían estar simbolizados con las mesas, las sillas, los cuadernos... y que previamente se habrían colocado. Además, se añadirán otros obstáculos no físicos que dificultan llegar a la meta con facilidad como podrían ser otras voces (por ejemplo, las de los otros dos concursantes que están guiando a la vez al otro compañero o la de aquellos que están observando el juego). Los participantes que caminasen con los ojos cerrados deberían sortear los obstáculos siguiendo las voces de los dos que le guían, tratando de reconocerlas por encima de todas las demás y confiando en sus indicaciones. Al finalizar la experiencia analizaríamos lo aprendido. Algunas conclusiones obvias que luego relacionaríamos con los contenidos a trabajar podrían ser: para reconocer la voz hay que conocerla; para dejarse guiar hay que tener confianza en el guía y saber que éste quiere tu bien; para avanzar es importante que los sentidos estén despiertos; no se ve bien con los ojos cerrados, no se escucha bien cuando hay mucho ruido; para que los pasos tengan sentido tiene que existir una meta hacia la que dirigirse pero ésta es difícil de alcanzar si no sabemos dónde estamos y hacia dónde queremos ir…

Si continuásemos con actividades experienciales sobre el sentido de la vida podríamos analizar, en este caso, la canción *Huracán* de Hakuna Group Music y pedir que reflexionasen sobre los sentimientos que les provocan y sobre las preguntas que también ellos y ellas lanzan al cielo como ese huracán.

Otro tipo de actividad experiencial para estos contenidos podría ser analizar la vida de un santo o santa. Aquí nos serviría de gran ayuda acercarnos al recorrido de san Agustín y a su "Tarde te amé".

En esa misma línea experiencial, también podríamos ofrecer una noticia de Iglesia sobre una peregrinación para luego invitarles a hacer "la mochila del peregrino" añadiendo en ella todo lo necesario para tener "un buen camino" en la vida.

En cuanto a las **actividades de comprender y valorar** lo aprendido, nos encontraríamos aquí con los **recursos de siempre**:

- define con tus propias palabras;
- analiza las siguientes citas bíblicas;
- consulta qué dice el Catecismo o el *YouCat* acerca de lo estudiado;
- visualiza el siguiente recurso y responde a las preguntas;
- relaciona los siguientes conceptos con los ejemplos correspondientes;
- ordena las siguientes palabras para que tengan sentido;

- elabora un esquema de lo aprendido;
- explica la diferencia entre los siguientes conceptos;
- dibuja una línea del tiempo;
- investiga acerca de...;
- consulta los siguientes documentos magisteriales y responde...

Con **otras más novedosas**:

- un *Kahoot* (o test a modo de concurso interactivo),
- elabora un "pasapalabra" (preguntas cuya respuesta empieza por cada una de las letras del abecedario) y compite con tus compañeros;
- planifica un viaje con Google *Maps* siguiendo los pasos de... (un personaje del pueblo de Israel, de Jesús, de San Pablo...);
- diseña una presentación interactiva que incluya fotografías, vídeos, canciones...;
- graba un *podcast*;
- elabora una infografía;
- resume lo aprendido en un *visual thinking*...

En cuanto **aplicar lo aprendido** podría ser:

- investiga acerca de las siguientes realidades eclesiales y explica cómo encarnan lo aprendido en este apartado, refleja el resultado de la investigación de manera creativa.
- en grupos, representad un diálogo sobre religión desde distintas visiones de la vida (podría ser entre un ateo, un agnóstico y un creyente; o entre personas de distintas religiones o, incluso, un diálogo ecuménico);
- inventad un *storytelling* que contemple lo aprendido en este apartado;
- imagina que te encargan dar una catequesis a niños más pequeños, elabora un guion con lo aprendido y

elige alguna dinámica que te ayude a explicar los contenidos esenciales de este tema;

— analizad en grupo las noticias de los últimos días en base a lo aprendido en esta unidad;

— escribe una carta a tu yo del futuro en la que te recuerdes algún concepto sobre lo aprendido;

— imagina que con tus amigos vas a formar una empresa, un partido político, una asociación... estableced su decálogo teniendo en cuenta lo que hemos estudiado en estas páginas;

— selecciona fragmentos de películas que hablen de lo aprendido y justifica el por qué de tu elección;

— en grupos, representad teatralmente un pasaje bíblico (puede ser un teatro mudo al estilo de un mimo, un musical, un teatro clásico...);

— realizad un collage o un vídeo sobre los acontecimientos estudiados y relacionarlos con algo de la propia vida;

— versiona una canción actual cambiándole la letra por otra que recoja lo esencial de esta unidad;

— busca una obra artística para cada uno de los aspectos tratados en la unidad y expón ante los demás cómo están recogidos;

— en grupos, elaborad material para un juego al estilo de Trivial con preguntas diversas sobre Biblia, *YouCat*, cultura religiosa...;

— confecciona una *playlist* de canciones que estén relacionadas con esta unidad y justifica tu elección;

— en una cartulina recoged un listado de expresiones bíblicas que se usan de manera cotidiana y explicad su verdadero significado.

4.5. *Descubre su presencia en la liturgia*

La liturgia es el lugar donde se unen lo humano y lo divino, la verdadera fuente de la oración cristiana. Si en las etapas anteriores hemos abordado lo humano (con el abre los ojos, el conecta el corazón...), lo bíblico (con el escucha la Palabra) y lo teológico (con el despierta la razón), la liturgia es el culmen de lo anterior ya que supone la verdadera oportunidad de encuentro del ser humano con Dios. De ahí que resultará esencial, en esta etapa de nuestro camino, seleccionar las realidades litúrgicas más relevantes con el contenido de la unidad.

— El **objetivo** es que cuando estén en presencia de dichas realidades aprendan a contemplar con ojos nuevos y con actitud de asombro el misterio que tienen delante. Favoreceremos, por tanto, el reconocimiento y el recogimiento ante la presencia de lo sagrado.

— El **método**: elaborar el listado de los elementos o realidades litúrgicas más relevantes; seleccionar la más adecuada para cada unidad; explicarla haciendo referencia a una experiencia personal; proponer una breve explicación con alusiones al *Youcat*, citas bíblicas y/o documentos magisteriales; terminar con unas preguntas que lleven al conocimiento y al recogimiento favoreciendo una disposición de encuentro con Dios.

— Algunos **ejemplos** de realidades litúrgicas que podríamos trabajar: las campanas y las campanillas (signo de vocación o llamada); la pila bautismal y el agua bendita (signo de filiación, vida y bendición); la cruz, el vía crucis y el crucifijo (signos de redención y salvación); el Sagrario y la custodia (signos de verdadera presencia de Dios); el incienso (signo de elevación de la oración al cielo); el leccionario y el ambón (signos de revelación divina); el cirio pascual (signo de alegría pascual); el confesionario (signo de perdón y reconciliación); el cepillo y la colecta (signo de fraternidad); la persona del sacerdote (signo de la presencia de Jesús); el presbiterio (lugar de lo sagrado); el santo crisma (signo de unción, elección y sanación)…

4.6. *Valora el arte y la cultura religiosa*

El patrimonio cultural y artístico de nuestras sociedades está, en gran medida, relacionado y condicionado por la cultura cristiana. Y no solo hablamos aquí del gran patrimonio que suponen las catedrales, iglesias, basílicas… Sino del propio calendario y sus fechas importantes; de expresiones religiosas en el lenguaje o en el cine; de cruces y otros símbolos cristianos en nuestras banderas y caminos; de los nombres cristianos de tantas personas, pueblos, ciudades y naciones…; de tradiciones que nacen en actos de piedad como las romerías, peregrinaciones… También este es un entorno en el que hemos de profundizar para descubrir en nuestros orígenes el sello de identidad cristiano.

- El **objetivo** de este apartado es poner en valor la influencia del cristianismo en el arte y en la cultura de nuestra sociedad y reconocer dichos símbolos como posible mediación para el encuentro con Cristo.
- El **método**, muy sencillo, consiste en hacer una recopilación de los símbolos religiosos (iglesias, basílicas, tradiciones, fiestas…) propios de cada lugar o reconocidos universalmente y analizarlos con profundidad para descubrir en ellos su verdadero significado.
- Un **ejemplo** podría ser analizar los cuadros presentes en un museo famoso en torno a los misterios del rosario, al vía crucis, a los días de Semana Santa… Para ello, podría bastar con entregar a cada alumno el título de un cuadro y de

su autor; pedirle que lo busquen en Internet y lo contemplen; que investiguen a qué fragmento bíblico se refiere; que lo lean y que, dejándose interpelar por él, descubran en el cuadro, además de los personajes bíblicos y el acontecimiento, otros detalles piadosos y artísticos que el autor haya querido representar. Ofrezco un ejemplo con un análisis sencillo del cuadro de *La Anunciación* de Fra Angélico presente en el Museo del Prado (Madrid-España).

4.7. *Comprométete y hazlo vida*

Llegamos, por fin, al último apartado del itinerario propuesto, a la meta. El compromiso al que queremos invitar a nuestro alumnado con este itinerario es a un crecimiento en el amor, el bien, la justicia, la paz… Y, para ello, es necesario aprender a mirar en tres direcciones: hacia Dios, hacia el prójimo y hacia uno mismo.

Si recordamos, las primeras palabras de la Biblia que Dios dirige al ser humano son: "¿Dónde estás?" (Gn 3,9) y "¿Dónde está tu hermano?" (Gn 4,9). Comprobamos, así, la necesidad de valorar constantemente dónde estamos situados. Es decir, qué estamos haciendo con la vida que nos ha sido dada, dónde tenemos puesto el corazón, cómo estamos escuchando o no a Dios y cómo estamos tratando al hermano… Dicho en otras palabras, si de verdad estamos cumpliendo el resumen de los Diez Mandamientos: "amar a Dios sobre todas las cosas y al prójimo como a uno mismo".

Si queremos cristianos comprometidos hemos de recordar que el compromiso real de la vida cristiana siempre nace de la respuesta a la llamada que Dios nos hace de manera personal. Y aunque Dios puede hablarnos de múltiples formas y a través de distintas mediaciones, el lugar privilegiado para escuchar su llamada es la oración. Para conocer la voluntad de Dios hay que prestar atención a sus inspiraciones.

- El **objetivo** de este apartado, ya lo hemos comentado, es pasar de la teoría a la vida o, lo que es lo mismo, hacer vida lo aprendido.

- El **método**: concluir el tema con una invitación "Dios cuenta contigo" o "Ahora te toca a ti" que parte de analizar palabras y enseñanzas clave de cada uno de los seis pasos anteriores; dar un tiempo para el silencio y la oración/reflexión personal para discernir la voluntad de Dios; valorar una acción concreta, en individual o en grupo y terminar ofreciendo el trabajo al Señor, con la certeza de que Él multiplica todo lo que dejamos en sus manos.

— Algún **ejemplo** podría ser elaborar pequeños o grandes proyectos para vivir personal y comunitariamente: cada una de las acciones del "A mí me lo hicisteis" (cf. Mt 25, 35-40), de las bienaventuranzas, de las obras de misericordia, de los mandamientos… contando con la gracia de Dios. También podría ser conocer y colaborar con distintas fundaciones, instituciones o congregaciones en algún misión y proyecto social a través de la oración, el voluntariado, la difusión, la recaudación de fondos… Otro ejemplo sería promover campañas de colaboración con necesidades y urgencias del entorno… a través de pequeños o grandes gestos.

5. Y la oración, ¿dónde debe estar presente?

Puede que quien lea las páginas de este capítulo haya echado en falta, a lo largo de este camino de siete pasos, la oración. ¿Dónde debe estar ésta presente? ¿Únicamente en el último apartado como cierre de la unidad?

Ocurre en algunos países que la distinción entre la clase de religión y la profesión de la fe es tan grande que nada, del libro de texto o de lo enseñado en la asignatura, debe tener connotación catequética. Sin embargo, en los países en los que el currículum de la asignatura lo permita sería, más que oportuno, necesario, reservar tiempo y espacio en cada clase, en cada etapa de este camino de siete pasos para la oración personal o comunitaria.

En este caso, sería conveniente:

— Comenzar cada unidad "en el Nombre del Padre, del Hijo y del Espíritu Santo", dando las gracias por la historia de

Amor que Dios hace con cada uno de nosotros, por su revelación, su misericordia… y pidiéndole su Espíritu Santo para que nos ilumine en el conocimiento de los temas que vamos a estudiar y en su puesta en práctica.

— En la contemplación de la imagen de "abre los ojos" terminar con una oración personal, mental o escrita que recoja todas sus emociones, inquietudes dirigidas hacia Dios…

— En el testimonio del "conecta el corazón" invitar a la oración por esa persona y por todos quienes viven algo parecido o hacer oración con aquello que les haya interpelado.

— En el "escucha su Palabra" reservar un tiempo para la lectio divina en una capilla u oratorio, meditando no solo sobre lo que dice la Palabra de Dios sino sobre lo que nos dice personalmente y lo que nosotros queremos decirle a Él.

— En el "despierta la razón" hacer experiencias iniciales en clave orante a través de las conclusiones y/o incluir alguna actividad que invite a recopilar o redactar oraciones para cada momento, según lo estudiado…

— En el "descubre su presencia en la liturgia", hacer una oración contemplando *in situ* lo estudiado.

— En el valora el arte y la cultura rezar con el símbolo elegido.

— En el comprométete, meditar sobre la misión que Dios nos encomienda personalmente y acudir a su ayuda para llevarla a cabo.

6. Conclusión

Si lo que enseñamos en la asignatura de Religión Católica no sirve para la vida, entonces, no sirve para nada. Pero, si han recorrido bien el camino propuesto iremos notando que cada etapa ha tenido sentido y, por tanto, podremos advertir pequeñas y grandes transformaciones en las distintas facetas de sus vidas.

Y ahora, volviendo la mirada a nosotros, docentes, quisiera terminar diciendo: ¡Qué suerte haber recibido el don de poder acompañarlos a nuestros alumnos en esta etapa de sus vidas! Damos gracias a Dios y a la Iglesia por su confianza y pedimos por todos los que nos han sido, son y nos serán encomendados y por todos los maestros y profesores de religión. Este camino lo hacemos en Comunión, con la certeza de que nuestra madre la Iglesia nos envía y de que avanzamos con la fuerza de su Espíritu Santo. Por la fidelidad llegarán los frutos. Que así sea.

VI

Participación de los alumnos

Santiago Baraona
Colegio Tabancura, Santiago de Chile, III medio (16-17 años)
sbaraona@tabancura.cl

Cuando los editores del libro me sugirieron que escribiera sobre el tema que da título a este capítulo, mi primera reacción fue pensar: ¿Qué nuevo puedo decir que ya no esté bien dicho en otros libros de pedagogía? Se me vinieron a la cabeza las sugerentes prácticas que promueve el *Project Zero* de la Universidad de Harvard; o bien el libro de Doug Lemov, *Enseña como un Maestro 2.0*, que ya es todo un clásico; o el excelente *Work Hard. Be Nice* de Jay Mathews; o las clases de Metodología General de la Enseñanza, fuertemente constructivistas, que hice durante mis estudios de pedagogía. La reacción siguiente fue decirme: ya que estás comprometido, procura poner escrito tu experiencia enseñando la asignatura de Religión a alumnos[1] de 16-17 años durante un cuarto de siglo. Y eso es lo que he procurado hacer. Lo que hay más adelante no es más que el condensado de miles de horas de clases a más de 1.000 alumnos.

El capítulo comienza con las condiciones que a mi juicio son necesarias para que el aprendizaje de la asignatura de Religión sea

---

1. El lector debe tener en cuenta que mi experiencia docente en Religión es sólo con alumnos varones. Admito la responsabilidad de un sesgo.

significativo. Luego defiendo la tesis de que una buena clase de religión debe ofrecer una reflexión sobre las preguntas fundamentales y que la fe en su totalidad es una respuesta a ellas, independiente del contenido específico del que debamos tratar. A continuación, intento mostrar cómo algunas técnicas pedagógicas son muy funcionales a una buena enseñanza: por ejemplo, los tópicos generativos o lo que llamo "preguntas conductoras". Una vez planteado el problema de la participación en un contexto más amplio, expongo algunas experiencias más prácticas que tengo la impresión de que han tenido cierto éxito. En ellas no hay nada nuevo, salvo su articulación desde una experiencia concreta y particular. A modo de conclusión, hago una breve consideración sobre la importancia de hacer buenas evaluaciones como culminación del proceso de participación de los alumnos.

1. Aprendizajes significativos

Una de las etiquetas más acertadas de la palabra *aprendizaje* es quizá la de *significativo*. Su carta de ciudadanía en el mundo pedagógico la tiene gracias a los aportes de la teoría del aprendizaje significativo de Ausubel[2], que sostiene, entre otras cosas, que el alumno debe asumir la responsabilidad de aprender y manifestar una actitud favorable para relacionar los nuevos contenidos de un modo sustancial (no arbitrario) con los conocimientos de su estructura cognitiva. En honor a la verdad, parece ser que lo de Ausubel ha sido más bien una puesta al día de ideas pedagógicas más bien antiguas. Santo Tomás de Aquino siguiendo a Aristóteles y a

---

2. Cf. Ausubel, D. P.; Novak, J. D. y Hanesian, H. (1983). *Psicología Educativa. Un punto de vista cognoscitivo.* México: Trillas. (Ed. orig. 1978).

san Agustín, en su obra "De Magistro", plantea algo similar[3]. Se atribuya a quien se atribuya la paternidad del aprendizaje significativo, me parece claro que es una buena orientación pedagógica y al respecto hay un acuerdo casi universal.

Si todo aprendizaje, para que sea tal, debe ser significativo, es decir que se mantenga en el largo plazo y conecte con la experiencia personal del alumno, en el caso de la asignatura de religión es una necesidad absoluta. La religión se estudia porque es precisamente una fuente para dar sentido a la vida. Los contenidos que se enseñan afectan los resortes más íntimos del alma y los temas que plantean tienen un eco interior: las preguntas que se procura responder están en el corazón del alumno. Cuando la clase de religión se da en el corazón del estudiante no hay poder que se le resista y hasta el espíritu más duro o tosco, o ciego o sordo, puede llegar a darse cuenta de que lo que se le plantea no es inútil o irrelevante, porque ese eco de la verdad resuena una y otra vez en su mente y en su conciencia. Todo a condición, por supuesto, de que se hagan las preguntas oportunas.

2. La pregunta fundamental

Cuando realicé mis estudios de pedagogía, la profesora que dictó el curso de Metodología General del Aprendizaje era una *ferviente* constructivista. Defendía la idea de que hasta los programas de los cursos debían surgir de las necesidades de los estudiantes. Llevar esta idea a las clases de religión católica me sonaba aterrador, porque significaba renunciar a enseñar la doctrina cristiana para acomodarse a necesidades cambiantes de los alumnos. Sin embargo, una experiencia que he repetido muchas veces ha

3. Tomás de Aquino, *De Veritate*, q. XI, a. 1.

demostrado que tal enfoque, administrado en dosis adecuadas, puede ser una eficaz herramienta para que esta asignatura tenga significado.

Cuando dicto el curso de Teología Fundamental a estudiantes de 17 años, en la primera clase les pido que cada uno, en una plataforma de participación interactiva (*Socrative* o *Mentimeter*, por ejemplo), responda a la siguiente pregunta: *Si tuvieras la oportunidad de hacer una pregunta a alguien que pudiera responderlas todas, ¿qué pregunta le harías?* Los alumnos tienen unos minutos para pensar y responder. Si ellos quieren, pueden hacerlas en forma anónima, con el objetivo de que efectivamente sea un reflejo de una cuestión que verdaderamente les interese. Luego analizamos las respuestas de cada uno (ver cuadro 1) y las comentamos.

- ¿Cuál es la razón de que Dios nos creara y lo hiciera de la forma en que lo hizo (como seres inteligentes a su imagen y semejanza)?
- ¿Por qué existe el sufrimiento?
- ¿Qué debo hacer en mi vida?
- ¿Dios existe?
- ¿Qué hay después de la muerte? ¿Qué me sucede al morir?
- ¿Cómo empezó todo?
- ¿Cómo es el hombre perfecto y cómo puedo acercarme a ser como él?

Casi todas las preguntas a lo largo ya de muchos años —pensemos en un total de aproximadamente 1.200 alumnos— son variaciones más o menos elaboradas de las que están en el cuadro. Lo sorprendente es la coincidencia y la convergencia de estas cuestiones. La verdad es que no debería ser una sorpresa: el hombre desde siempre ha buscado una respuesta a estas preguntas punzantes. Para que la clase de religión sea significativa para el alumno adolescente, me parece que debe partir desde una inquietud que él tenga. No podemos dar respuestas si previamente no hay preguntas.

El que los alumnos planteen esas preguntas fundamentales no significa que el programa deba ajustarse para responder directamente esas preguntas. Si fuera así, es posible que muchos temas que son fundamentales en la enseñanza de la doctrina cristiana y que a primera vista no conectan con esas inquietudes más profundas, tendrían que quedar fuera. Pero no es ni debe ser así. Una primera tarea del profesor de religión será pensar cómo entregar el programa que el plan de estudios ha visto como adecuado para ese nivel, a esos alumnos en particular.

3. La fe como unidad

Si en toda asignatura es necesaria esta labor que podríamos llamar de contextualización, en nuestro caso es esencial, porque el contenido –cualquiera que sea– es siempre una respuesta a las preguntas fundamentales. Lo anterior significa que el adjetivo *significativo* no responde a una mera estrategia pedagógica que busca una retención a más largo plazo, sino que es exigencia del mismo contenido que enseñamos. Siempre estamos respondiendo a esa preguntas. Cuando se pierde esta visión unitaria en la exposición de la fe y se fragmenta su exposición, más pronto que tarde los temas que enseñamos pueden aparecer como lejanos a las necesidades del corazón del hombre.

El Catecismo de la Iglesia Católica, ya en el prólogo, nos da luces en esta dirección, por ejemplo cuando en el n.19 leemos: "Este catecismo está concebido como una *exposición orgánica* de toda la fe católica. Es preciso, por tanto, leerlo como una unidad. Por ello, en los márgenes del texto se remite al lector frecuentemente a otros lugares (señalados por números más pequeños y que se refieren a su vez a otros párrafos que tratan del mismo tema) y, con ayuda del índice analítico al final del volumen, se permite ver cada tema en su vinculación con el conjunto de la fe". Más adelante nos explica que esta misma fe "es la respuesta del hombre a Dios que se revela y se entrega a él, dando al mismo tiempo una luz sobreabundante al hombre que busca el sentido último de su vida" (n. 26). Es decir, la fe es una respuesta del hombre a Dios pero al mismo tiempo la fe es una respuesta para las preguntas del hombre. Y cuando se plantea la pregunta ¿Por qué existe el mal?, la respuesta refuerza la idea de la unidad: "El conjunto de la fe cristiana constituye la respuesta a esta pregunta: la bondad de la creación, el drama del pecado, el amor paciente de Dios que sale al encuentro del hombre con sus Alianzas, con la Encarnación redentora de su Hijo, con el don del Espíritu, con la congregación de la Iglesia, con la fuerza de los sacramentos, con la llamada a una vida bienaventurada que las criaturas son invitadas a aceptar libremente, pero a la cual, también libremente, por un misterio terrible, pueden negarse o rechazar. *No hay un rasgo del mensaje cristiano que no sea en parte una respuesta a la cuestión del mal*" (n. 309).

El profesor de religión tiene por lo tanto un desafío grande: plantear el contenido de lo que enseña como una respuesta a las preguntas fundamentales del hombre, siempre teniendo en cuenta que todo el contenido de la fe ofrece una solución a tales cuestiones. Demás está decir que esto supone tener una muy buena formación teológica que comprenda cuál es la estructura e interrelación entre las partes del programa de Religión y de esta compleja nervadura que es la revelación.

Hace algunos años, en un seminario para profesores de religión, uno de los relatores daba una idea luminosa que ha resultado muy práctica para hacer esta conexión. Decía él, que todo contenido que se enseñe se debe siempre relacionar con el *kerygma*, sea cual sea su formulación. Este ejercicio, repetido una y otra vez, ayuda a dotar de unidad a todos los contenidos, pues todos ellos son una expresión de una parte del *kerygma*, que a su vez es la respuesta a todas las preguntas fundamentales del hombre.

4. La pregunta conductora

Hasta aquí hemos planteado un primer modo de participación de los alumnos, aparentemente pasivo, porque participar en clases no es sólo hablar, o hacer preguntas, o escribir. La escucha atenta a algo que me implica es un modo de participación, a condición de que, como hemos explicado, responda a preguntas que están dentro de los corazones de los alumnos. Pero no basta con la pregunta fundamental de la que hablábamos hace un momento: también es necesario ir concretando y reelaborando esas preguntas y respuestas a medida que se avanza en el programa.

Veamos un ejemplo. En la introducción del curso de Teología Fundamental hablábamos de que los alumnos hicieran esas preguntas fundamentales. El programa de la asignatura pretende mostrar cómo la fe es *la* respuesta a esas preguntas. La primera unidad busca precisamente profundizar en la fe y su pregunta conductora será: ¿Por qué Jesús pide fe? Para este caso, una actividad más concreta que ha resultado eficaz para mostrar que Jesús pide fe –que es esencial para la salvación– es ocupar la rutina Veo-Pienso-Me pregunto[4] u otra, con la pintura *La incredulidad de Tomás* de Caravaggio y como telón de fondo el texto de Juan 20, 24-29. Lo habitual es que los alumnos se pregunten: ¿Por qué Jesús pide fe? Y este es un buen punto de partida: las clases las verán precisa-

---

4. Recuperado de *https://pz.harvard.edu/resources/see-think-wonder*, consultado el 13 de octubre de 2023.

mente como una respuesta a esa inquietud. Durante el desarrollo de la unidad, el profesor debe tratar siempre de conectar con esa pregunta, de modo explícito: "Recuerden que estamos tratando de responder a esta pregunta…".

El modo cómo se formulen estas preguntas dependerá del estilo del profesor y del tipo de estudiantes a los que se esté enseñando. Lo importante es hacerlas. En el cuadro 2 se presenta una muestra de algunos tópicos y sus posibles preguntas conductoras.

Tópico	Pregunta conductora
La creación del mundo y del hombre	¿Qué relevancia tiene sostener que el mundo y el hombre son creados?
El pecado original	¿Cuál es la causa del desorden o malestar que observamos en nosotros y en el mundo? ¿En qué consiste esencialmente ese malestar?
La vida en Cristo	¿Qué relación hay entre la redención efectuada por Cristo y mis actos libres, aún los más sencillos?
La sexualidad y la familia	¿Por qué Jesús propone el modo cristiano de vivir la sexualidad que hoy como ayer es impopular? ¿Cuáles son sus razones?

5. La pregunta de cierre

Otra estrategia que resulta eficaz para conectar el programa y la misma clase con las preguntas de los alumnos es abrir un cauce para que los alumnos puedan hacer sus preguntas de un modo sistemático y ordenado. Algunos profesores aprovechan el *Exit Ticket* para que, junto con evaluar formativamente el aprendizaje de esa clase, los estudiantes puedan plantear esas preguntas, las que habitualmente estarán relacionadas con la materia, pero a veces no.

Hay muchas maneras prácticas de concretar esto: desde que las escriban a una hoja de papel hasta el uso de herramientas más sofisticadas como *Socrative*, *Mentimeter*, etc. Lo importante es que el profesor las procese y se dé un tiempo para salir al paso de estas cuestiones, ya sea insertándolas dentro del programa o bien destinando un tiempo de la clase siguiente para responderlas. Lo importante es atenderlas y que no caigan en el vacío.

6. Orden y estructura

Una condición *sine qua non* para que los alumnos participen es que haya orden. Sin orden es muy difícil que las interacciones sean fructíferas para los estudiantes. Y para que haya orden el profesor debe tener una serie de normas claras que hace cumplir. En los últimos años se ha hecho, tal vez con demasiada frecuencia, una caricatura del profesor *a la antigua*. Es cierto que había algunos excesos (por ejemplo, el castigo físico), pero es cierto también que los profesores eran respetados y en sus aulas había un orden que sería muy beneficioso para muchos de nuestros alumnos. Y es cierto también que hoy son muchos los profesores que se quejan de que les resulta muy difícil el control de curso, no por falta de habilidad de parte de ellos, sino que porque cualquier asomo de autoridad ejercida de manera clara y exigente, aparece como un resabio de autoritarismo que puede dañar el bienestar socioemocional de los alumnos.

Me parece por lo tanto que, la primera estrategia para que haya participación en clases es promover espacios físicos y ambientales, donde prime el orden y el respeto. Me parece que las siguientes prácticas son funcionales a este objetivo:

a) ***Puntualidad***. El profesor debe llegar con el tiempo suficiente para preparar dentro del aula todo lo necesario, de manera que el tiempo lectivo se optimice. Cuando los estudiantes llegan está todo listo para empezar. Y ellos deben ser puntuales. Una práctica poco original, por cierto, pero que siempre me ha resultado excelente, es la de esperarlos en la puerta y saludarlos uno a uno. Luego, deben dirigirse a sus puestos de trabajo y salvo que haya una actividad inicial (esto se explica más adelante) esperar de pie y en silencio al profesor. Luego del saludo, se debe seguir con la rutina que está prevista en el colegio (rezar, pasar lista, etc.). Se ahorran muchos problemas cuando el profesor es puntual y exige a los estudiantes también serlo. Por el contrario, la impuntualidad está en la base de muchas clases "echadas a perder".

b) ***Planificación detallada***. Aunque este tema es materia del capítulo 2, me gustaría resaltar la importancia de que esta planificación esté hecha con mucho detalle, llegando casi hasta *la obsesión*. Hasta los segundos que disponemos son valiosos. Hacer cambios de ritmo, actividades rápidas, preguntas aparentemente improvisadas, etc, son la trama que mantiene la atención de los estudiantes. El uso del tiempo es fundamental para que haya una saludable participación de los alumnos.

c) ***Pedir la palabra***. Parece que es algo pequeño, sin mayor importancia y que insistir en ello podría quitar frescura y espontaneidad al desarrollo de la clase. Recordemos, sin embargo, que en pedagogía, como en todo, "el demonio está en los detalles". El principio aquí debe ser muy claro: para decir algo se debe pedir la palabra; y quien no la pida, no habla. Y al respecto no se debe transar. Puede costar al principio, pero cuando se trabaja con paciencia, se consigue un activo muy valioso para que los alumnos participen con aprovechamiento.

d) ***Cierre y conclusión***. Una clase con un cierre claro, sintético y estudiado (y por supuesto puntual) también influye en generar un ambiente que facilita la participación.

7. La lectura

El argumento inicial de este capítulo fue señalar que la clase se debe estructurar en torno a las preguntas de los alumnos. Me parece que esta es una condición necesaria pero no suficiente para una adecuada participación. Hace falta también que el alumno haya empezado un proceso individual de reflexión a través de buenas lecturas. Por eso suelo dar cada cierto tiempo, lecturas que traten algunos de los temas de estudio, que permitan a los alumnos tener una visión de conjunto. Así por ejemplo, si estamos analizando el tema de las preguntas sobre el sentido de la vida, viene muy bien la lectura del libro *El hombre en busca de sentido* de Víktor Frankl; y si el tema es la libertad, José Ramón Ayllón tiene un excelente ensayo –*Ser libre*– que abre muchos horizontes en la mente de los estudiantes; y si estamos estudiando la ley moral, la lectura de algunos pasajes de *Mero cristianismo* enriquece considerablemente las clases.

Si estas lecturas se aplican en dosis adecuadas y se evalúan de formas que enriquezcan su comprensión, pienso que son una gran herramienta para promover una participación inteligente, reflexiva y que esté conectada con las inquietudes más profundas. Alguien podrá pensar: esto suena bien para estudiantes más grandes y responsables. Pienso que es válido para cualquier edad. Siempre es posible encontrar un relato, testimonio, cuento, ensayo, etc., que dé contexto, permita al alumno hacer conexiones y amplíe el alcance de lo que se está tratando de aprender. Tampoco podemos olvidar que la Sagrada Escritura es una fuente inagotable de historias y enseñanzas.

8. La participación en clases

A veces se oye decir, pienso que con acierto, que el gran desafío que tiene todo profesor es trabajar *lo menos posible* y que sus alumnos trabajen *lo más posible* durante el tiempo de la clase. En algunas asignaturas esto puede ser más sencillo de lograr –deporte o arte por ejemplo– pero en todas es una necesidad. Un experto profesor de Educación Física señala que la clave para hacer que los alumnos trabajen es explicarles bien "lo que están haciendo y los beneficios que trae"[5]. En Religión, para lograr que los alumnos entiendan qué están haciendo, ayuda ocupar una de las estrategias de las que hemos hablado más arriba, que apuntan precisamente a dar contexto y hacer comprender el por qué se aprende esa materia. Pero también es necesario implicarlos en el trabajo y para esto existen variadas estrategias.

Doug Lemov, en su interesante libro *Enseña como un Maestro 2.0*, plantea que al planificar las actividades de las clases se deben optimizar dos *ratios*: la ratio de participación y la ratio de razonamiento. La ratio de participación mide quién participa y cuán a menudo, y "maximizarla significa hacer que todos los alumnos participen hablando, respondiendo a las preguntas, pensando en forma activa, participando cuando se les señala, y procesando ideas por escrito lo más a menudo posible". La ratio de razonamiento se refiere "al nivel de rigor académico en la participación que usted fomenta. ¿Cuál es la calidad y profundidad del razonamiento de los alumnos? ¿Revisan y mejoran lo que han pensado, o cuando comienzan a reflexionar detenidamente sobre ello lo dejan

5. Entrevista al profesor Marcelo Orellana (julio, 2022) en pódcast *La Quilla*, episodio 1, *https://open.spotify.com/episode/7Bzaks23dtYSIG5jV4YZdJ?s i=a9b04ffc6c9f40df*

en versión de borrador?"[6]. Y continúa: "Si la ratio de participación es sinónimo de colaboración activa, la ratio de razonamiento es sinónimo de rigor". Me parece que todo profesor estaría de acuerdo en que es una buena orientación pedagógica. El problema es cómo concretarla.

Lemov plantea que hay tres caminos para aumentar ambas ratios en forma simultánea. El primer camino es hacer participar a través de preguntas; el segundo, a través de la escritura; y el tercero, a través de las discusiones.

9. El arte de plantear buenas preguntas

Para lograr una participación activa de los alumnos, unas de las estrategias que más me ha ayudado como profesor es la que nos legó Sócrates con su mayéutica. Como se sabe, la mayéutica tiene como objetivo eliminar incertidumbres, opiniones y prejuicios en las respuestas; y el profesor debe impulsar un diálogo que permita al alumno detectar sus errores, preguntando y contra preguntando, de modo de ayudarlo a razonar y descubrir cuáles son los errores o contradicciones[7].

Me parece que el método socrático es muy desafiante para todos los profesores, pero especialmente para el profesor de religión. Los temas que suelen inquietar a los alumnos son difíciles y la mayoría de ellos, polémicos. Esto requiere por nuestra parte un

6. Enseña como un Maestro 2.0: 62 técnicas de enseñanza para desarrollar aprendizajes de excelencia en tus estudiantes por Doug Lemov *https://a.co/h3KL4r1*

7. cf. González Rivera, J. (2016), *Historia de la Filosofía I, La mayéutica socrática*, Centro de Estudios Filosóficos Tomás de Aquino. Recuperado el 14 de octubre de 2023: *https://www.academia.edu/31086232/La_may%C3%A9utica_socr%C3%A1tica*.

profundo conocimiento y estudio: dominar muy bien y saber descubrir, en las intervenciones de los alumnos, lo que hay de verdad, lo que hay de falacia y lo que parece que no han pensado demasiado. La tentación de descalificar o de ocupar un argumento de autoridad siempre está a la vuelta de la esquina. Pero esto es problemático porque desincentiva la participación. Un estilo abierto, estimulante, que pregunte con delicadeza y que cree un clima de confianza para "decir" cosas equivocadas o con una argumentación deficiente, es uno de los grandes desafíos que tenemos. Aunque suene a cliché, en la clase de religión debe ser una máxima "que la peor pregunta es la que no se hace".

¿Qué hacer cuando la contrapregunta del alumno nos sorprende porque no hemos pensado mucho el asunto, o no lo hemos estudiado o simplemente no sabemos? Pienso que es fundamental huir de algunos errores que los profesores solemos cometer. Uno es tratar de *hablar en difícil* para escabullirse del momento. Otro es enojarse porque no entienden o no aceptan lo que les decimos. El tercero es aceptar responder una pregunta que no está bien formulada. En este último caso, con delicadeza debemos ayudar a formular bien la cuestión. En los otros, con serenidad podemos reconocer que no tenemos una respuesta en ese momento y que se intentará responder en una ocasión próxima.

El método socrático es eficaz si la interacción es frecuente. Una dificultad que he tenido que enfrentar para seguir este método es el número de alumnos por sala. En clases con muchos estudiantes existe el peligro de que sean pocos los que participan y que muchos se queden atrás, fuera del radar del profesor. Un par de técnicas o rutinas -por supuesto nada originales- que me han ayudado a aumentar la participación cuando las clases son más numerosas son las siguientes:

— *Actividades iniciales*: los alumnos ingresan en silencio y deben ir a sus puestos y empezar inmediatamente a trabajar en una actividad que contenga la pregunta que se intentará responder en esa clase. El uso de dispositivos computacionales puede ayudar a hacer más eficiente este proceso; el profesor plantea una pregunta en una asignación de Classroom o en otra plataforma similar, los alumnos trabajan en silencio en ella con un tiempo determinado y luego se evalúa formativamente en dos etapas: al término de la actividad a través de un diálogo socrático y luego en forma individual. Los estudiantes deben tener la posibilidad de modificar sus respuestas después de la discusión. Este método aparte de hacer más eficiente la rutina de inicio, "obliga" al alumno a reflexionar sobre un tema determinado y a activarse rápidamente. Veamos un par de ejemplos de actividad inicial[8]:

	Tema de la clase	Actividad inicial
Ejemplo 1	La conciencia y sus relaciones con la ley moral.	Lee el número 1777 del Catecismo de la Iglesia Católica y contesta la pregunta: ¿Qué nos manda la conciencia en general? ¿En qué se basa para hacer sus juicios?
Ejemplo 2	Características del matrimonio cristiano	Lee Mateo 19, 3-9 y contesta la siguiente pregunta: ¿Qué propiedades o características tiene el matrimonio de acuerdo a la enseñanza de Jesús?

8. En este caso partimos de la base de que todos los alumnos disponen de un computador personal, con conexión a Internet y que pueden consultar el Catecismo en forma digital.

- *Preguntas sin aviso*: el profesor y los alumnos deben habituarse a esta técnica tan básica de preguntar sin aviso. No se trata de traer de vuelta a la clase a un distraído, sino de empujar para que la atención del alumno esté el mayor tiempo posible en su máximo. Cuando hay preguntas sin aviso se producen dos efectos colaterales interesantes: aumenta saludablemente la tensión de la clase[9] y se hace participar a aquellos alumnos que "si fuera por ellos" no dirían nada.

9.1. Participar a través de la escritura

Hacer a los estudiantes poner por escrito lo que tienen en la cabeza es uno de mis métodos preferidos de participación. Si hay un buen seguimiento del trabajo de los alumnos —evaluación formativa— se asegura que la ratio de participación sea muy elevada. El lenguaje escrito tiene también la ventaja de que empuja a la reflexión, exige precisión y rigor y suele ayudar a que los alumnos "transformen nociones vagas (ideas en desarrollo) en ideas completas; y ejercitarse en desarrollar ideas completas significa practicar la que sea la tarea fundamental del proceso de razonamiento"[10]. Las formas en las que se puede dar esta participación son variadas, y recojo aquí las que mejor me han resultado:

- *Todos escriben*. Antes de cualquier discusión socrática, se pide a los alumnos que pongan por escrito las ideas que luego expondrán. Suelo plantearles alguna pregunta que me parece exigente y luego ellos tienen un tiempo limitado para pensar su respuesta y ponerla por escrito (en su

---

9. Palmer, P. (1998), *The courage to teach. Exploring the inner landscape of a teacher's life*, San Francisco (California): Jossey-Bass, p. 75.
10. Lemov, op. cit.

cuaderno, en una plataforma interactiva, etc.). Luego se le pide a un par que lean lo que han escrito y así se puede continuar con una discusión con todo el curso. Por ejemplo, si se está hablando sobre la naturaleza divina de Jesús, se les puede preguntar: "¿Qué actitud debemos tomar respecto a Jesús si como Él dice, es verdadero Dios?". Esta técnica se puede iterar y pedir que luego del análisis y puesta en común modifiquen sus propias respuestas (y si hay tiempo para una evaluación formativa individual después de la clase, tanto mejor).

— *Escribir la idea central.* Se trata de pedir a los alumnos que sinteticen una idea compleja, que resuman lo que han leído en un texto o visto en un video, en una sola oración bien formulada. Algo del tipo: "La idea central de este párrafo o video es...".

En ambas técnicas es importante que los alumnos sepan que cualquier trabajo se puede leer en voz alta. Esto pone una sana presión para que lo hagan bien. Al momento de escoger habrá que ocupar diversos criterios: aquéllos que destaquen por su calidad; o bien, algunos que contengan errores frecuentes (de fondo y de forma), de modo de corregirlos con todos.

10. Participar a través de las discusiones

Ya hemos tratado de pasada este modo de participación. Aquí me propongo recoger algunas técnicas sencillas que pueden ayudar a hacer más eficiente esta metodología, que se debe usar con cierta moderación y con objetivos muy precisos para evitar pérdidas de tiempo. Una buena clase debe equilibrar el hacer preguntas, el escribir y debatir[11]. Y ojalá que siempre el debatir vaya precedido de una reflexión personal y seguido de una puesta en común por escrito. Para debatir, las técnicas que mejor me han funcionado son las siguientes:

- **Microlaboratorio**. Se forman grupos pequeños (3-4 alumnos) a los que se le propone un tema o caso y sobre el que deben dar una opinión grupal. Ayuda que tengan un protocolo estricto de participación: por ejemplo, que cada uno piense en el caso durante un par de minutos; luego en rondas exponen sus conclusiones personales; en la siguiente ronda se hacen preguntas y contrapreguntas; enseguida hacen una síntesis de lo conversado; y para terminar, escriben sus conclusiones. Resulta muy útil que al final, un representante por grupo exponga frente a todo el curso. Durante la etapa de grupos es fundamental pasearse por los distintos grupos para ver si están trabajando correctamente o para ayudarlos a resolver dudas.

- **Gira y discute**: Se trata de una técnica muy usada si buscamos que los alumnos formulen mejor sus ideas. Pero la experiencia muestra que su eficacia se juega en la ejecución. Si no se ocupa con rigor y responsabilidad suele ser sinónimo de desorden y pérdida de tiempo. El rigor va desde señalar a dónde giran (fila A con fila B), cuál es la transición que da inicio a la actividad y la que le da término, ser preciso en el tema a discutir y fijar un tiempo concreto. Para terminar, conviene hacer alguna actividad de puesta en común que asegure que el "Gira y discute" se haga con responsabilidad.

11. Idem.

11. Exposiciones orales

Todo profesor sabe que cuando debe explicar algo a otro debe hacer un esfuerzo grande por entenderlo él muy bien. Por eso, la clase ideal sería aquella en la que cada alumno tuviera que explicar algo a alguien que no sabe del tema. El problema que se nos plantea inmediatamente es obvio: no hay tiempo para eso. A lo anterior se suma que los profesores de religión solemos tener pocas horas a la semana y en ese tiempo, que siempre nos parece escaso, debemos procurar que nuestros alumnos aprendan lo más posible.

Si además consideramos que, muchos de los contenidos que enseñamos no son especialmente populares en nuestra cultura actual, sino más bien lo contrario, y que nuestros alumnos enfrentan un ambiente hostil para las verdades de la fe, sobre todo en materia moral; y que debemos dotar a los alumnos de herramientas que mejoren la comprensión de la fe y que les ayuden a presentarla con seguridad y alegría; la experiencia de las exposiciones orales ayuda a hacer propio esos contenidos y a articularlos de una manera profunda y contextualizada.

Hace algunos años decidí que al menos una vez al año –no es mucho, pero peor es nada– mis alumnos tendrían que exponer oralmente, en forma individual o en grupo, sobre algún tema del programa que tuviera algún ángulo de controversia. A modo de ejemplo, los temas que se han planteado son los siguientes:
- El divorcio
- Las relaciones prematrimoniales
- La pornografía
- La píldora anticonceptiva y el preservativo
- Las teorías de género
- La eutanasia
- La fecundación artificial
- ¿Existe la guerra justa?

Para hacerse una idea del tipo de trabajo que se pide, expongo aquí los criterios que se tienen en cuenta en la rúbrica de corrección:

- Al exponer el tema, se debe plantear el conflicto moral con claridad. Esto ayuda a que entiendan bien cuáles son los puntos álgidos y controversiales y los empuja a determinar con precisión qué es lo que enseña la fe que entra en contradicción con la mentalidad dominante. Por ejemplo, en el caso del divorcio, la prohibición de Jesús choca con la realidad del fracaso de muchos matrimonios.

- Basándose en la Sagrada Escritura y el Magisterio deben exponer con claridad y profundidad, adaptándose a las circunstancias de su audiencia (sus propios compañeros) qué enseña la fe católica al respecto. Esto facilita que hagan un buen trabajo de fuentes y no se conformen con lo que digan algunas noticias o sitios web de dudosa calidad. Esta es quizá la parte más difícil ya que supone un trabajo de investigación y estudio más profundo. Es fundamental que siempre estén guiados por la exposición del Catecismo de la Iglesia Católica.

- Ofrecer argumentos racionales que justifiquen la doctrina católica. Esta parte es muy importante por cuanto ayuda a que se den cuenta que la fe es razonable y que no hay motivos para *acomplejarse*. Por ejemplo, en el caso de la pornografía, es tanta la evidencia que hay sobre los efectos nocivos que tiene su consumo a nivel orgánico y sicológico, que la doctrina católica de siempre aparece como profética y llena de sentido común.

- Qué es lo más difícil de comprender o aceptar de la enseñanza cristiana (para el grupo y en general). Esta parte del trabajo es muy importante ya que exige hacerse cargo de la dificultad que algunos pueden tener para aceptar la enseñanza de la Iglesia. Un ejemplo típico se da con la eutanasia: ¿Por qué no puedo hacer con mi vida lo que quiero, en la medida en que no molesto a nadie (más aún si quiero dejar de molestar)?

Para evaluar estos trabajos ha sido una buena experiencia introducir un porcentaje de coevaluación. Los mismos estudiantes se pronuncian entonces si sus compañeros han cumplido o no con los objetivos planteados. La tecnología actual puede simplificar mucho la recogida de esta información, que con los recursos de antes, podía ser muy engorrosa.

12. A modo de conclusión: las evaluaciones

A lo largo del capítulo se ha hablado sobre la importancia de la evaluación formativa. En lo que resta, me centraré en las evaluaciones sumativas o de cierre de bloques temáticos. Desde siempre las he considerado como una pieza fundamental en la planificación de la secuencia didáctica, pues considero que una prueba o examen bien construido es una ocasión privilegiada para el aprendizaje y un momento de intensa participación para los estudiantes. Sin embargo, la necesidad de evaluar bien a los alumnos durante el período de clases *online* durante el encierro del COVID en 2020 me obligó –como a la mayoría de los profesores– a repensar el estilo de esas pruebas, debido a que lo realista era partir con la premisa de que los alumnos tenían toda la materia a su disposición al responder. Dejé por lo tanto un poco fuera la memoria y me centré en las llamadas "habilidades superiores", con preguntas de ensayo que desafiaran al alumno, que tomaran tiempo para contestarlas bien y que conectaran con las preguntas conductoras que se habían trabajado durante las clases.

Ejemplos de pregunta:

— "Uno de los objetivos de la unidad es entender que la fe es un acto plenamente humano y que el hecho de que nos relacionemos con Dios mediante la fe es razonable". Escribe un texto/ensayo que fundamente lo anterior (aprox. media página).

— Uno de los objetivos de la unidad es: "Explicar la naturaleza del pecado original y de todo pecado". Respecto a este tema, responde las siguientes preguntas:

- Analiza con detalle Génesis 3, 8-13 (puedes consultarlo en una Biblia o en el material de clases que está en *Classroom*), señalando todas las enseñanzas que contienen estos versículos.

- ¿Cuál es la naturaleza del pecado original y cómo se relaciona con la fe?

La experiencia fue sorprendente por la calidad de los trabajos con los que me encontré, por la madurez de las respuestas y porque constaté algo que no tenía tan claro: la misma realización de la prueba fue para los estudiantes el momento de culminación del aprendizaje, ya que al tener que demostrarlo con instrumentos de este tipo *aprendieron* en el mismo desarrollo del proceso. De alguna manera la evaluación se transformó en la estación terminal de su estudio.

VII

La centralidad de Cristo

María José Urenda
The Mackay School, Viña del Mar. Sexto Básico a Cuarto Medio
mjurenda@gmail.com

Enseñar religión católica responde a un noble llamado que trasciende el ámbito de la mera instrucción o transmisión de conocimientos[1], va incluso más allá de lo que se entiende por educar, pues, al adentrarse en la formación misma del alma humana, teniendo como fin la conversión total de esta hacia Dios, la enseñanza de la religión se vuelve aquello que da sentido, fundamento y plenitud a la educación[2]; "Él y solo Él es la puerta que conduce hacia el hombre" (Guardini, 1945).

En el corazón de esta tarea se encuentra la figura de Jesucristo.

1. "Vosotros continuáis, con razón, llamándoos maestros católicos. El de maestro es el más alto título que pueda darse a quien enseña; su oficio exige algo mucho más elevado y profundo que lo que simplemente puede comunicar o proporcionar el mero conocimiento de las cosas. El maestro es aquel que llega a establecer relaciones de intimidad entre su propia alma y la de los niños; es aquel que se empeña personalmente a sí mismo en la tarea de enderezar o guiar hacia la verdad y el bien la vida inexperta del discípulo" (PioXII, 1955).

2. "Entre el alma del hombre y Dios se interpone, según la concepción platónica, el largo y áspero camino de la perfección. Sin perfección no puede existir areté. El puente que Platón tiende entre el alma y Dios es la paideia (educación)". (Paideia, 697).

Jesús es el Verbo encarnado, que vino a vivir entre nosotros para redimirnos y enseñarnos a ser dignos del amor de Dios. Pagó con su vida nuestras culpas, y luego resucitó de entre los muertos para abrirnos las puertas del Cielo.

Fue nuestro mismo Padre del Cielo quien nos entregó a su Hijo Unigénito para que, por sus méritos, pudiésemos alcanzar la vida eterna que habíamos perdido a causa del pecado[3]. La vida y mensaje de Cristo es fuente inagotable de inspiración y guía para todos los hombres.

Los profesores de Religión Católica somos, ante todo, cristianos, es decir, seguimos las enseñanzas y la doctrina que el mismo Cristo nos enseñó cuando estuvo entre nosotros. Así, los cristianos no somos otra cosa que seguidores de Cristo que, atendiendo al llamado universal de nuestra Iglesia, fundada también por Cristo, buscamos transmitir su mensaje y seguir el mandato del Evangelio "Id por el mundo y proclamad la Buena Nueva a toda la creación" (Mc 16,15).

Atendiendo a este razonamiento, resulta lógico que el eje central de todas y cada una de nuestras clases de religión sea la Persona de Cristo; su vida, sus obras y los medios que tenemos a disposición para conocerlo y acercarnos cada vez más a Él[4].

---

3. "Jesús —frecuentemente nos olvidamos de esto— es nuestra propiedad. En todo rigor del término, Él nos pertenece; es nuestro; tenemos sobre Él derechos imprescriptibles, pues el Padre celestial nos lo dio. Así lo dice la Escritura: El Hijo de Dios nos ha sido dado (Is, 9-6). Ahora bien, si Cristo nos pertenece, los infinitos méritos de sus trabajos, de sus sufrimientos y de su muerte nos pertenecen también. Siendo así (…) entregándonos al Hijo, el Padre del Cielo nos dio todos los bienes. Sepamos explotar este precioso tesoro" (Laurent, 1997).

4. "El magisterio humano se justifica por ser la prolongación del de Cristo; los hombres se constituyen en maestros, en cuanto que tienen una misión explícita de Cristo (…) el cristiano, por el solo hecho de serlo, tiene un cierto mandato, una cierta obligación de difundir el bien que a él se le ha hecho con

Sin duda me tocó escribir un capítulo desafiante y difícil; teóricamente, parece obvio que, si somos profesores de Religión Católica, el centro de nuestras clases debe ser la Persona de Cristo. Sin embargo, todos sabemos que, en la práctica, tristemente, podemos pasar varias clases sin referirnos a Él.

Y es que, para que Cristo sea el centro de nuestras clases ha de ser primero el centro de nuestras vidas, y ya sabemos por experiencia propia, lo difícil que resulta en el día a día ir saltando vallas para poner a Cristo por encima de todo.

Resulta que enseñar Religión Católica no es como enseñar Historia, Lenguaje o Matemáticas. En primer lugar, porque, por lo general es una asignatura poco valorada por los alumnos, los apoderados y, a veces incluso, por la misma institución. En algunos establecimientos es una asignatura optativa y, en ocasiones, sin calificación. Así, si tenemos en cuenta la concepción utilitaria de la educación actual, para muchos, es una asignatura *que no sirve para nada*[5].

Tampoco se trata de preparar a los estudiantes para rendir exitosamente un examen (aunque sin duda los estamos preparando para el más importante de todos), ni siquiera de transmitir unos conocimientos para que los alumnos los hagan propios.

Enseñar Religión Católica se trata de dar a conocer a una Persona para que los alumnos se enamoren de ella y la transformen en el centro de su existencia. Menuda tarea…

En este contexto recuerdo la antigua máxima de san Agustín "Nadie da lo que no tiene", y creo que esto es lo más difícil de la

---

el mensaje de Cristo (…) La gran obra que la iglesia está llamada a realizar es recapitular todas las cosas en Cristo, habida cuenta de que el mundo entero es para el hombre y el hombre es para Dios (…) no puede comprenderse la educación de un modo radical más que refiriéndola a Dios" (GarcíaHoz, 1981).

5. "La utilidad social es quizás el criterio más empleado para juzgar de la necesidad y de la eficacia de cualquier trabajo escolar" (GarcíaHoz, 1981).

tarea del profesor de Religión, pues aquello que entregamos, es nada más y nada menos que lo que tenemos en nuestro corazón: "El corazón habla al corazón" (BenedictoXVI, 2010). Así, la medida del amor que seamos capaces de transmitir a nuestros alumnos será la medida de nuestro amor por Jesús.

Por otro lado, el mismo san Agustín recuerda que "No podemos amar lo que no conocemos", y Dante añade que: "Para conocer bien, sobre todo hay que tener en el alma un buen amor". Así, se vuelve imperioso para nosotros, profesores de Religión, conocer muy bien aquello que queremos transmitir, es decir, la doctrina de la Iglesia Católica y, fundamentalmente, a Cristo.

Nuestra tarea se traduce entonces en **conocer, amar, dar**: conocer a Cristo, amar a Cristo, entregar a Cristo; "Los buenos maestros (…) arden en puro y divino amor hacia los jóvenes a ellos confiados, precisamente porque aman a Jesucristo" (PioXI).

Surge entonces la pregunta ¿Quién es Cristo?; "¿Quién es esa criatura que llora en el pesebre? ¿Quién es ese adolescente que trabaja en el taller de Nazaret, ese predicador que entusiasma a las multitudes, ese taumaturgo que hace prodigios sin cuenta, esa víctima inocente que muere en la cruz?" (Laurent, 1997).

Cristo es, en primer lugar, un personaje histórico. Hay evidencia suficiente para certificar que existió hace más de dos mil años, en la región de Judea, un hombre llamado Jesús, que fue hijo de una joven llamada María y de José, reconocido carpintero. Era un hombre común y corriente perteneciente a una familia sencilla de Nazareth, que antes de comenzar su vida pública parece haber pasado casi[6] desapercibido en su comunidad. De hecho, la gente

---

6. Digo "casi desapercibido" ya que según sabemos, hay algunos episodios de su niñez que sí fueron extraordinarios, como cuando se perdió y fue encontrado por sus padres en el templo dando cátedra a los sacerdotes (Lc 2, 41-50).

que lo conocía se sorprende mucho cuando, una vez comenzada su vida pública, empieza a realizar milagros[7].

Se sabe que nació en Belén, que aprendió y trabajó con su padre, que a los 30 años llegó a Jerusalén y comenzó su vida pública, que fue bautizado por su primo Juan, que enseñaba en la Sinagoga, que tenía un grupo de seguidores al que llamaba "amigos", que realizaba curaciones (que algunos consideraban milagros), que fue acusado ante el Sanedrín, condenado a muerte y que, finalmente, murió crucificado, a los 33 años, tras una larga agonía cargando su Cruz.

Nadie se atrevería a decir que este hombre llamado Jesús no existió, del mismo modo en que nadie negaría la existencia de Carlomagno, Napoleón Bonaparte o del Sultán Suleiman[8].

Pero con Cristo pasa algo muy diferente, pues su importancia se fundamenta en algo que va muchísimo más allá de la historia. De hecho, Él cambió el devenir de la historia de la humanidad; su pasada por esta tierra marcó, literalmente, un antes y un después.

El punto central acerca de la existencia de Cristo es que no era simplemente un hombre, sino **el mismo Dios hecho hombre**. Esta realidad, humana y divina a la vez, es lo que nos ayuda a entender

7. "Una prueba de ello se encuentra en la sorpresa que significó para esa gente sencilla el constatar que a ese miembro de la familia del carpintero José le habían venido, no se sabía de dónde, una sabiduría y unos poderes que de hecho lo habían convertido en algo semejante a un profeta. Y de esa sorpresa participaron todos los que lo habían conocido hasta ese momento" (Soublette, 1997).

8. "Con la mención del emperador romano se indica de nuevo la colocación temporal de Jesús en la historia universal: no hay que ver la aparición pública de Jesús como un mítico antes o después, que puede significar al mismo tiempo siempre y nunca; es un acontecimiento histórico que se puede datar con toda la seriedad de la historia humana ocurrida realmente; con su unicidad, cuya contemporaneidad con todos los tiempos es diferente a la intemporalidad del mito" (BenedictoXVI, Jesús de Nazaret, 2007).

y abarcar (en la medida de lo posible) quién fue Jesús, cuál fue su misión, y por qué solamente Él podía llevarla a cabo.

Pese a que durante sus primeros años de vida pasó desapercibido, ya desde su primera aparición pública, en la que es presentado por Juan Bautista, comienza a dar qué hablar[9]. Y da que hablar no solo por lo que se dice de Él, sino también por su comportamiento; sus palabras, sus miradas, su modo de conducirse. Todo en Él pone de manifiesto su gran señorío, autoridad y majestuosidad.

Sabemos que el nombre de algo apunta a su esencia, pues nombramos las cosas de acuerdo a lo que son. El ángel le dice a José "María dará a luz un hijo, al que pondrás por nombre Jesús[10], porque él salvará a su pueblo de sus pecados". Y continúa; "La virgen concebirá y dará luz a un hijo, y le pondrán por nombre Emmanuel, que traducido significa *Dios con nosotros*" (Mt 1, 21-23). Jesús y Emmanuel son entonces dos nombres que se complementan para manifestar que Él es Dios hecho hombre, y que ha venido a estar entre nosotros para salvarnos.

Jesús es también *El Cristo*[11]; el elegido de Dios anunciado desde antiguo por los profetas, para liberar al pueblo de Israel[12].

9. "(Juan) al ver a Jesús venir hacia él dijo: he aquí el Cordero de Dios que quita el pecado del mundo (…) He visto al Espíritu que bajaba como una paloma del cielo y se quedaba sobre él. Yo no le conocía, pero quien me envió a bautizar con agua me dijo: Aquel sobre quien veas que baja el Espíritu y se queda sobre él, ese es el que bautiza con Espíritu Santo. Yo le he visto y doy testimonio de que ése es el elegido de Dios" (Jn.1, 29-34).

10. Jesús, viene del hebreo *Yehosu'a* que significa *Yahvé salva*.

11. Del latín *Christus*, y del griego *Christós* que significa Mesías, término que en hebreo se aplicaba al *ungido de Dios*.

12. "Pues bien, el Señor mismo va a daros una señal: Mirad, una doncella está en cinta y va a dar a luz un hijo, al que pondrá por nombre Emmanuel" (Is 7, 14).

Así, el Cristo anunciado en el Antiguo Testamento es Jesús, al que llamamos Jesucristo[13], entrelazando el nombre impuesto por el Ángel en la Anunciación, con el que hace referencia a su misión.

Cristo tiene una misión salvífica; es el Elegido (Ungido) de Dios que viene a vivir entre nosotros para liberarnos del pecado y devolvernos el estado de santidad original con que habíamos sido creados, recuperando también para nosotros la posibilidad de entrar al Reino de los Cielos, cuyas puertas se habían cerrado tras la caída en el pecado.

La figura de Cristo es entonces el centro y fundamento de la fe católica, su Persona y enseñanzas son el único modelo para seguir, su verdad es la única Verdad y su Pasión y Resurrección; las únicas fuentes de salvación eterna.

Ser católico significa conocer a Cristo y seguir sus enseñanzas, vivir como nos enseña para asemejarnos a Él. Puesto que solo así, podremos conseguir la vida eterna que Él mismo, con su sacrificio, recuperó para nosotros.

Es por eso que enseñar religión católica no es solo transmitir conocimientos históricos, sino mostrar a nuestros alumnos la Persona de Jesús para que ellos puedan conocerlo personalmente, seguirlo y amarlo[14]; "No se trata de probar algo, sino de salir al encuentro de Alguien: de Jesucristo, para conocerle como una persona puede conocer a otra" (Sheed, 1981).

Como profesores de religión, debemos entonces procurar, no solo que nuestros estudiantes conozcan a Jesús, sino que tengan un encuentro personal con Él. Solo así podrá transformar sus vi-

---

13. El nombre Jesucristo, solo empezó a ser usado después de su muerte. Mientras vivió se le conoció como "el Cristo", "el Mesías", palabras ambas que quieren decir "El Ungido" (Sheed, 1981).

14. "La caridad en la verdad de la que Jesucristo se ha hecho testigo con su vida terrenal y, sobre todo, con su muerte y resurrección, es la principal fuerza impulsora del auténtico desarrollo de la persona" (Benedicto XVI).

das y se decidirán a seguirlo; "Que busques Cristo: que encuentres a Cristo: que ames a Cristo" (EscriváDeBalaguer, 1989).

1. *"Et incarnatus est"*

La Encarnación es el misterio mediante el cual se unen, para siempre, la naturaleza divina y la humana en la única Persona de Jesús: *"Et incarnatus est,* con estas palabras profesamos la entrada efectiva de Dios en la historia real" (BenedictoXVI, Jesús de Nazaret, 2007).

Para entender bien por qué Cristo debe ser el centro de nuestras clases, debemos remontarnos al Misterio de la Encarnación[15].

La Segunda Persona de la Santísima Trinidad, es decir, Dios mismo, se hace hombre; adquiere naturaleza humana. Así nos lo narra san Juan en el precioso prólogo de su Evangelio:

"Al principio era el Verbo,
y el Verbo estaba en Dios,
y el Verbo era Dios.
Él estaba al principio en Dios.
Todas las cosas fueron hechas por Él,
y sin él no se hizo nada de cuanto ha sido hecho.
En Él estaba la vida,
y la vida era la luz de los hombres.
La luz luce en las tinieblas,

15. La Teología cristiana da este nombre al acontecimiento único y totalmente singular por el que el que la Segunda Persona de la Santísima Trinidad al encarnarse en el seno de la Virgen, se hizo verdaderamente hombre sin dejar de ser verdaderamente Dios. Como enseña el Catecismo de la Iglesia Católica es verdadero Dios y verdadero hombre en la unidad de su Persona divina, pero con dos naturalezas, la divina y la humana, no confundidas sino unidas en una única Persona. (Rivas, 2020).

pero las tinieblas no lo acogieron (…).
Era la luz verdadera
que, viniendo a este mundo,
ilumina a todo hombre.
Estaba en el mundo
y por Él fue hecho el mundo,
pero el mundo no le conoció.
Vino a los suyos,
pero los suyos no le recibieron.
Mas a cuantos le recibieron
dioles poder de venir a ser hijos de Dios,
a aquellos que crean en su nombre;
que no de la sangre,
ni de la voluntad carnal,
ni de la voluntad de varón,
sino de Dios son nacidos.
Y el Verbo se hizo carne
y habitó entre nosotros,
y hemos visto su gloria.
Gloria como de Unigénito del Padre,
lleno de gracia y de verdad (…)
Pues de su plenitud recibimos todos
gracia sobre gracia.
Porque la Ley fue dada por Moisés,
la gracia y la verdad vino por Jesucristo.
A Dios nadie le vio jamás;
Dios unigénito, que está en el seno del Padre,
Ese le ha dado a conocer" (San Juan 1, 1-18).

Estamos acostumbrados a oírlo y por eso no nos asombramos al decirlo, pero el misterio de la Encarnación es inconmensurable. El Padre, Dios, desde toda la eternidad engendra al Hijo, este Hijo es también Dios, pues es la imagen perfecta que Dios tiene de sí mismo. Así, el Verbo de Dios, que es también Dios, que es Uno con Él y que ha estado con Él y en Él desde el principio, es engendrado por el mismo Espíritu de Dios en el seno de la santísima Virgen María[16]. ¡¿Cómo no sorprendernos ante semejante milagro?!

Creo que lo primero que tenemos que afirmar con muchísima firmeza y convicción, es que Cristo es verdadero Dios y verdadero hombre[17]. Es Dios mismo quien nos salva en la Persona de su Hijo Jesús.

Gracias al Magisterio de la Iglesia, sabemos con absoluta certeza que Cristo es Dios, que es la Palabra de Dios, igual a Dios en todo, eterno como el Padre. Sabemos también que este mismo Dios, se dio a sí mismo un cuerpo y un alma humana, es decir, se hizo hombre, pero sin dejar de ser Dios. Así, el Niño que nació de María, era Dios, y, por tanto, podía hacer todo lo que Dios hace. Sin embargo, al ser también perfectamente hombre, podía hacer todo lo que hace un hombre y vivió una vida humana en plenitud: "Era verdadero Dios y verdadero Hombre, y cuando decía

16. "La Palabra, el Verbo, siempre ha estado con Dios; el Verbo es Dios. Dios, al conocerse a sí mismo con infinito poder de conocimiento, genera en la mente divina una idea exacta de Él mismo (…) La idea que Dios tiene de sí mismo es plenamente adecuada, totalmente exacta. No hay nada en Él que no esté en la idea que constantemente genera de sí mismo en la eternidad; y así como nuestras ideas no son más que *algo*, la suya, única y total, es *Alguien*: Dios, como Él es Dios. Y este segundo Alguien en la Divinidad es igualmente eterno, ya que nunca hubo un momento en que Dios no se viese a sí mismo en su Hijo, pues no hay momentos en la eternidad. Por lo tanto, el "Hijo de Dios" que María concibió en su seno, el Hijo que recibió en su vientre una naturaleza humana, poseía ya la naturaleza humana desde toda la eternidad" (Sheed, 1981).

17. ""Cristo es Dios" es una afirmación que se refiere no solo a Cristo, sino también a Dios (…) Solo en Cristo Jesús podemos ver a Dios en nuestra naturaleza, experimentando las cosas que nosotros experimentamos, encarando situaciones que nosotros también tenemos que encarar. Solo en Él conocemos a Dios mucho mejor que el pagano más piadoso" (Sheed, 1981).

"Yo", tanto si expresaba la infinita realidad de su Divinidad como los poderes finitos y limitados de su Humanidad, era Dios-Hijo" (Sheed, 1981).

Para venir a estar entre nosotros, como hombre, Dios escoge para sí, para su Hijo, una madre, mas, esta madre no concibe a su Hijo como todas las demás. En este caso, ella se hace cargo de todo lo que en cualquier concepción corre a cargo de la madre[18], pero, aquello que normalmente está a cargo del padre, sería producido directamente por Dios ¡Un verdadero milagro!; "El Espíritu Santo vendrá sobre ti, y la virtud del Altísimo te cubrirá con su sombra, y por esto el hijo engendrado será santo, será llamado Hijo de Dios" (Lc 1, 35).

Sabemos que a las palabras del Ángel María responde: "He aquí la esclava del Señor, hágase en mí según tu palabra" (Lu 1, 38) y así, con la humilde aceptación de una pequeña virgen, el Verbo de Dios se hace partícipe de la raza humana, desde ese mismo momento y para siempre: "El Verbo de Dios se hizo carne y habitó entre nosotros" (Jn 1,14).

No puede dejar de maravillarnos el hecho de que Dios, que es Omnipotente, haga depender su Encarnación del "hágase" de una niña; "Antes de que concibiera en su vientre por un milagro del poder divino, Dios pidió a María su consentimiento. El hijo concebido en sus entrañas, nuestro Salvador y el suyo, fue fruto de su libre aceptación" (Sheed, 1981).

Así, desde el momento de la concepción del Hijo de Dios en el vientre de María, Dios irrumpe en la historia de la humanidad de un modo inimaginado. Es Dios, realmente, quien viene a vivir entre nosotros. A partir de entonces dejan de ser los hombres quie-

---

18. "María ha contribuido a formar su humanidad exactamente igual que todas las madres a formar la de cada uno de nosotros (…) Es la madre de Dios-Hijo" (Sheed, 1981).

nes, con todo tipo de artimañas, buscan acercarse a Dios. Ahora es Dios mismo quien, como nunca antes en la historia, se manifiesta a su pueblo. De este modo, desde ahora en adelante para conocer a Dios; saber cómo es, conocer sus palabras, cómo actúa y qué es lo que quiere de nosotros, no nos bastará más que contemplarlo en la figura de su Hijo, puesto que "Su rasgo distintivo es el acceso inmediato a Dios, de modo que puede transmitir la voluntad y la palabra de Dios de primera mano" (BenedictoXVI, Jesús de Nazaret, 2007). Así, quienes vieron a Jesús, vieron al mismísimo Dios[19]; los relatos del Evangelio, los actos, palabras, mensajes y milagros de Jesús, son los realizados por Dios mismo entre nosotros ¡Realmente impresionante!; "Jesús (…) aún siendo verdaderamente hombre, llevó al mismo tiempo a los hombres a Dios, con el cual era Uno en cuanto Hijo. Así, Dios se hizo visible a través del hombre Jesús y, desde Dios, se pudo ver la imagen auténtica del hombre" (BenedictoXVI, Jesús de Nazaret, 2007).

Solo Jesús puede hablar realmente del Padre, pues solo Él está en íntima comunión con Dios; "Quien ve a Jesús ve al Padre" (Jn 14,9), y en esto se fundamenta la grandeza de la Encarnación, pues por medio de esta el Hijo nos revela al Padre y nos pone en contacto directo con Él, con el fin de que se restablezca la relación de amistad entre Dios y el hombre que había sido rota por el pecado de Adán.

Dios mismo, con forma humana, viene a la tierra y la habita. La magnitud de este acontecimiento es tal, que afecta a toda la Creación. La Encarnación del Hijo de Dios tiene un significado cósmico; la Creación completa se inclina y manifiesta ante la presencia de Dios en la tierra: "Ningún elemento de la Creación quedó al margen, ni el universo material por su lado, ni los demonios

---

19. "Quien ve a Jesús ve al Padre" (Jn 14,9).

y el mismo Satanás, por otro; ni, por supuesto, los ángeles fieles que sirven ante el trono de Dios" (Sheed, 1981).

La Encarnación restaura el orden del universo; restituye el plan que Dios tenía para la humanidad.

2. Cristo nos salva; "Todo está consumado"

"Y como en Adán morimos todos, así también en Cristo somos todos vivificados" (1Co 15, 22).

Si por un hombre entró el pecado al mundo, por un hombre también debía ser revocado, mas no cualquier hombre hubiese tenido el poder de conseguir la absolución por parte de Dios.

Desde los comienzos de la Historia de la Salvación[20], vemos que el hombre ha intentado reconciliarse con Dios por medio de sacrificios y ofrendas, mas estos no eran suficientes para aplacar la "ira de Dios"; "Es imposible que la sangre de los toros y de los machos cabríos quite los pecados (…) Tú no quieres sacrificios ni ofrendas, pero me has preparado un cuerpo" (Hb. 10, 4-5)[21]. Los

20. Posterior a la caída en el pecado original de nuestros primeros padres.

21. Me permito transcribir este importante capítulo de la carta a los hebreos, pues creo que ayuda muy bien a comprender el verdadero sentido de la Encarnación de Cristo: "Pues como la Ley es sólo la sombra de los bienes futuros, no la verdadera realidad de las cosas, en ninguna manera puede con los sacrificios que cada año sin cesar le ofrecen, siempre los mismos, perfeccionar a quienes los ofrecen. De otro modo cesarían de ofrecerlos, por no tener conciencia ninguna de pecado los adoradores una vez ya purificados. Pero en esos sacrificios cada año se hace memoria de los pecados, por ser imposible que la sangre de los toros y de los machos cabríos borre los pecados. Por lo cual, entrando en este mundo, dice: "No quisiste sacrificios ni oblaciones, pero me has preparado un cuerpo. Los holocaustos y sacrificios por el pecado no los recibiste. Entonces yo dije: Heme aquí que vengo –en el volumen del Libro está escrito de mí– para hacer ¡Oh Dios! Tu voluntad" (Hb 10, 1- 7).

sacrificios animales no podían dar gloria a Dios ni expiar los pecados de los hombres. El culto antiguo estaba quedando obsoleto, pues no cumplía su objetivo; el contacto de sangre animal con objetos sagrados, no era suficiente para reconciliar al hombre con Dios.

El sacrificio que realmente salvaría al hombre del pecado y lo reconciliaría con Dios, debía ser de otra magnitud. No era suficiente cualquier cordero…

He aquí la importancia y profundo significado de la Encarnación del Hijo de Dios. Solo el mismo Dios hecho hombre podía ser entregado como sacrificio para salvar a toda la humanidad. Cristo toma nuestra humanidad y se encarna en ella para hacer suyos todos nuestros pecados. Luego, con su sacrificio redentor, ofrece al Padre toda la humanidad caída. Así, quien ofrece el sacrificio es Dios mismo, y por eso su valor es inconmensurable y sin parangón.

Quien se ofrece como fuente de expiación es el mismo que ha recibido la afrenta. Ningún sacrificio humano podría alcanzar jamás semejante precio; "Como por la transgresión de uno llegó la condenación de todos, así también por la justicia de uno solo llega a todos la justificación de la vida" (Rm. 5, 17). Quien hace justicia es "uno como Adán"[22], es decir un hombre, mas no un hombre cualquiera, sino Dios hecho hombre; "Pero, al llegar la plenitud de los tiempos, envió Dios a su Hijo, nacido de mujer, nacido bajo la Ley, para rescatar a los que se hallaban bajo la Ley, y para que recibiéramos la filiación adoptiva" (*Ga* 4, 4-5). He aquí "la Buena Nueva de Jesucristo, Hijo de Dios" (*Mc* 1, 1): Dios ha visitado a su pueblo (cf. *Lc* 1, 68), ha cumplido las promesas hechas a Abraham y a su descendencia (cf. *Lc* 1, 55); lo ha hecho más allá de toda expectativa: Él ha enviado a su "Hijo amado" (*Mc* 1, 11) (CEC).

---

22. "Adán era el tipo del que había de venir" (Rm. 5, 14).

Un sacrificio es un acto sagrado que se ofrece a Dios[23]. El sacerdote, en representación del pueblo, ofrece a Dios una víctima para que Él la acepte y perdone así los pecados del mundo. Si Dios no acepta el sacrificio, este es inútil. En la mayoría de los sacrificios de la Antigua Alianza, solo eran visibles la víctima y su muerte, pero no la aceptación por parte de Dios. Solo en algunos casos[24], Dios mandaba alguna señal del Cielo en manifestación de que el sacrificio había sido aceptado. Cuando esto ocurría era ocasión de gran alegría para el sacerdote y el pueblo, pues significaba que Dios había santificado a su víctima haciéndola suya. Los sacrificios del Antiguo Testamento son solo una prefiguración del único y verdadero sacrificio que redime a la humanidad; "Con la cruz de Cristo, los antiguos sacrificios del templo quedaron superados definitivamente. Había ocurrido algo nuevo (…) En la cruz de Jesús se había verificado lo que en vano se había intentado con los sacrificios de animales: el mundo había obtenido la expiación. El "Cordero de Dios" había cargado sobre sí el pecado del mundo y lo había quitado de allí. La relación de Dios con el mundo, perturbada por la culpa de los hombres, había sido renovada. La reconciliación se había cumplido" (BenedictoXVI, Jesús de Nazaret; Desde la Entrada en Jerusalén hasta la Resurrección, 2011).

El Padre ofrece a su Hijo como víctima y, al recibirlo, lo santifica y glorifica, dándonos como prueba de ello la Resurrección: "Por la Resurrección de su Hijo glorificó a la víctima" (Sheed, 1981, pág. 426). Así, la Resurrección de Cristo, es la muestra visible de que Dios sí había aceptado la ofrenda, y más aún, había glorificado y santificado al Cordero que había sido ofrecido como víctima.

---

23. Del latín, *sacrum*: sagrado y *facere*: hacer. Hacer sagradas las cosas.

24. Dejo acá dos ejemplos: "Cuando Salomón acabó de orar, descendió del cielo fuego, que consumió los holocaustos y las víctimas, y la gloria de Yavé llenó la casa" (II Paralipómenos 7, 1). "El fuego mandado por Yavé consumió en el altar el holocausto y los sebos" (Levítico 9, 24).

Es así, como con la Muerte y Resurrección de Cristo queda consumada la promesa de salvación para la humanidad por parte de Dios. Es con la entrega de su Hijo que Dios cumple la promesa de "aplastar la cabeza de la serpiente" y cerrar así, y para siempre, la brecha entre Dios y los hombres. Por medio de su Resurrección, Dios nos vuelve a abrir las puertas del Cielo, pues con su Muerte y Resurrección Cristo vence la muerte y el pecado; "Jesús nos da la vida, porque nos da a Dios. Puede dárnoslo, porque Él es uno con Dios. Porque es el Hijo. Él mismo es el don, Él es la vida" (BenedictoXVI, Jesús de Nazaret, 2007).

Por medio de la Resurrección Dios glorifica a su Hijo[25], entregándole el poder de comunicar el Espíritu Santo[26]. El Hijo de Dios queda enriquecido en su verdadera Humanidad, pudiendo ser así causa de vida eterna para todos quienes sigan sus enseñanzas y se alimenten de Él; "Y habiendo sido consumado, vino a ser para todos los que le obedecen causa de salud eterna" (Hb 5,9).

A partir de entonces, los miembros de la Iglesia de Cristo vivimos en el Señor Resucitado, pues por medio de la gracia alcanzada por sus méritos, podremos también nosotros resucitar algún día. Por medio de su Resurrección, Cristo nos ha dado una nueva vida y nos ha elevado a un nuevo orden existencial[27]; "En Él la humanidad tiene un nuevo inicio y llega también a su cumplimiento" (BenedictoXVI, Jesús de Nazaret, 2007). Jesús nos ha injertado en su humanidad, poniéndose a nuestro nivel para que nosotros pudiésemos alcanzar el suyo; "Nos hizo partícipes de su divinidad, quien no desdeñó compartir nuestra humanidad" (2

---

25. "¿Acaso no era necesario que el Mesías padeciese esto y entrase en su Gloria?" (Lc 24,26).

26. "Aún no había sido dado el Espíritu, porque Jesús no había sido glorificado" (Jn 6, 39).

27. "La naturaleza divina ha sido inseparablemente unida a la naturaleza humana en la persona del Hijo de Dios" (CEC).

Pedro 1,4). Dios hecho hombre, nos hace portadores de una nueva humanidad.

Cristo redimió a todos los hombres, mas esa redención ha de ser aplicada a cada hombre en particular. El poder del Resucitado hace nuevas todas las cosas, y a partir de entonces estamos llamados a dejarnos convertir por su amor, pues desde el Cielo, sentado a la derecha del Padre, Él continúa intercediendo por nuestra salvación personal; "Jesús permanece para siempre, tiene un sacerdocio perpetuo. Y es, por tanto, perfecto su poder de salvar a los que por Él se acercan a Dios" (Hb 8, 24-25). Su sacrificio tiene valor eterno; Cristo sigue presente ante Dios Padre para redimirnos a todos y, además, renueva cada día su sacrificio redentor en los altares de cada Misa ofrecida debidamente alrededor de todo el mundo y hasta el final de los tiempos.

3. *Rigans Montes*

En los párrafos anteriores intenté explicar el porqué de la centralidad de Cristo, no solo en nuestras vidas, sino en todo el universo. Es Cristo, con su vida, Pasión, muerte, Resurrección y Ascensión a los Cielos, quien renueva la faz de la tierra. Es Cristo quien al irrumpir en la Historia se vuelve el centro del cosmos, haciendo nuevas todas las cosas, especialmente nuestras vidas; cada vida en particular: "Cristo (...) vino a dar un sentido nuevo al hombre entero; la vida del hombre desde la raíz ha de ser puesta en manos del Padre" (Hoz, 1981).

Ahora bien ¿qué rol cumplimos nosotros, como profesores de religión, en medio de esto?

Todos los cristianos, a través de los apóstoles, hemos recibido de Nuestro Señor la siguiente orden: "Id por el mundo y predicad el Evangelio a toda criatura" (Mc 16,15). Cristo hace un mandato explícito a sus apóstoles, convirtiendo así la acción de estos en la prolongación de Su mensaje. Jesús indica que aquello que sus apóstoles enseñan es Su enseñanza: "El que a vosotros oye, a Mí me oye" (Lc 1o, 16), de este modo, todo el que enseña, puede hacerlo en cuanto participa del magisterio de Cristo y no por propia autoridad; "Cristo nuestro Señor confió a los Apóstoles, y por medio de ellos a sus sucesores, la verdad que trajo del cielo; envió a los apóstoles como su Padre le envió a Él" (Jn 20,21).

Así, cada bautizado según sus cualidades, los dones que haya recibido, la formación que le hayan entregado, los estudios realizados, su oficio, profesión o estado, está llamado de una u otra manera, a obedecer el mandato evangélico de ir por el mundo y proclamar la buena nueva: "El Concilio Vaticano II nos enseña que la vocación cristiana es también una llamada al apostolado. Con el bautismo recibimos una vocación y una misión, es decir, el Señor nos llama para estar con Él y para enviarnos a anunciar la Buena Noticia. Por eso, apóstoles no son sólo los Doce discípulos que eligió Jesús, sino todos los bautizados que formamos el santo Pueblo fiel de Dios" (Francisco, 2023). En este sentido, los profesores de religión somos especialmente apóstoles y estamos llamados a ejercer el sacerdocio común del que participamos desde el bautismo: "El entrar en el misterio de la cruz ha de estar en el centro del misterio apostólico y del anuncio del Evangelio que conduce a la fe (…) su finalidad es atraer constantemente a cada persona y al mundo dentro del amor de Cristo, de modo que todos lleguen a ser, junto con Él, una ofrenda agradable" (BenedictoXVI, Jesús de Nazaret; Desde la Entrada en Jerusalén hasta la Resurrección, 2011).

Y esa es precisamente nuestra tarea como profesores de religión: Atraer constantemente a nuestros alumnos dentro del amor de Cristo para que lleguen a ser, junto con Él, una ofrenda agradable al Padre.

Ahora bien ¿Cómo lograr tamaña tarea? La respuesta a esta pregunta está trabajada en otros capítulos de este libro, por lo que no me referiré yo a ello. Solo me gustaría decir que creo que el primer paso para poder avanzar en esa dirección es tomar conciencia de la tremenda tarea que tenemos entre manos. Entender que no es un trabajo como cualquier otro, una simple dedicación, un modo de hacer "algo bueno" o una tarea pedagógica como las demás. No, nuestra misión como profesores de religión católica tiene un **alcance existencial**, pues estamos llamados a ser "puentes" entre Cristo y las almas de nuestros alumnos, para que una vez, cautivados sus corazones, cambie la dirección de sus vidas: "La Redención ha venido no sólo para un fragmento de la vida del hombre, sino para dar a éste en su totalidad un sentido nuevo. Porque Jesús no ha venido para restaurar cosas aisladas, sino para hacer comprender al hombre el sentido mismo del mundo entero y de la existencia, para facilitarle un punto de apoyo que le permita renovar todas las cosas, empezando por renovarse a sí mismo" (GarcíaHoz, 1981).

Así como Dios irrumpe en la historia de la humanidad por medio de su Encarnación, debemos dejar que Cristo irrumpa en nuestras vidas y en la de nuestros alumnos, y nosotros, profesores de religión, debemos ser medios propicios y dóciles para ello. Cristo, al resucitar, ha inaugurado una nueva dimensión del ser y de la historia, ha elevado nuestra existencia dándonos la posibilidad de ser-en Dios, situándose definitivamente como el centro del cosmos y queriendo ser también el centro de nuestros corazones, para lo cual, paradójicamente, necesita de nuestra "ayuda"[28].

Es así como Cristo elige a los maestros como medio para transmitir su doctrina; "Desde tus altas moradas riegas los montes y del fruto de tus obras se sacia la tierra" (Salmo 103, 13). Desde lo alto, Dios riega nuestros entendimientos con su Palabra. Su Palabra da fruto en nuestros corazones y así, podemos nosotros también regar con Su sabiduría los entendimientos y corazones de nuestros alumnos.

Enseñar Religión Católica es entonces ser portavoces de la Verdad, un modo de cumplir nuestra misión apostólica como miembros de la Iglesia Universal[29] y de hacer extensiva la invitación de Cristo a ser parte de esta nueva comunidad, unida en y por la comunión con el Hijo de Dios.

"Venid y veréis" (Jn 1, 38) nos dice Jesús a través de sus primeros discípulos, y es también la invitación que debemos hacer a nuestros estudiantes. Que vengan a nuestras clases y vean quién es Cristo para que tengan un encuentro personal con Él. Solo este encuentro personal con Él (y no con nosotros como maestros, pues debemos entender que no somos más que un medio) les permitirá entrar en el misterio de la comunión; "En Cristo, con Él y en Él", tal como reza la oración eucarística, ya que "La comunión es verdaderamente la buena nueva" (BenedictoXVI, Los Apóstotes y los primeros discípulos de Cristo, 2009).

4. Resumiendo...

"Sin su enraizamiento en Dios, la persona de Jesús resulta vaga, irreal e inexplicable (...) Este es el verdadero centro de su personalidad. Sin esta comunión no se puede entender nada y partiendo de ella Él se nos hace presente también hoy" (BenedictoXVI, Jesús de Nazaret, 2007)

En Cristo se manifiesta el amor de Dios hacia el hombre, pues Cristo es Dios que se da a sí mismo por la redención del género humano, para restablecer la relación de amistad entre Él y cada uno de nosotros.

Dios se da a sí mismo para salvar al hombre que lo había ofendido. Era tal el nivel de la ofensa que no podía ser restituida con cualquier ofrenda, los sacrificios de animales no eran suficientes, no agradaban a Dios.

Así, la humanidad solo podía ser elevada a Dios por Dios mismo. Es por eso que decide encarnarse; en Cristo se unen para siempre Dios y los hombres.

Por eso, si no centramos nuestras clases de Religión en Cristo, dejamos de lado su auténtico punto de referencia, que consiste en acompañar a nuestros alumnos en la profundización de una amistad íntima con Jesús, que es Dios mismo, pues de ello depende la salvación de sus almas.

Si Cristo, en cuanto Verbo Encarnado, se posiciona en el centro de la Creación, ha de ser, sin duda, el centro de nuestras vidas y, por tanto, evidentemente también, de nuestras clases de religión.

VIII

Principales desafíos de las clases de Religión en Educación Prebásica

Francisca Ruiz
Colegio los Andes, PK y K Jardín Infantil Valle Alegre,
niveles medio mayor y medio menor (2 a 4 años)
fruiz@colegiolosandes.cl

Bernardita Domínguez
Colegio Huelén, Kinder, 1° básico, 5° básico
b.dominguez@huelen.cl

1. Introducción

"Dejad que los niños vengan a mí" (Mateo 19;14). Esos niños, de quienes nos habla Cristo, están en nuestras salas de clase. Como profesores de Religión, tenemos que buscar la forma de promover ese encuentro entre ellos y Jesús desde temprana edad. En este capítulo nos referiremos a la experiencia con alumnos de dos a seis años. Estamos convencidas de que somos solo un instrumento y que la fe que queremos transmitirle a nuestros niños crecerá mediante la gracia de Dios.

Buscamos enraizar la fe y el amor a Dios desarrollando sus primeros hábitos de piedad para que se identifiquen con Cristo y la Virgen María. De manera que permanezca en ellos una huella imborrable a lo largo de sus vidas.

En nuestras clases destacamos el amor y la omnipotencia creadora de Dios. Hablamos de la belleza de la creación y de ellos mismos, que son inmensamente amados, valiosos, únicos e irrepetibles.

Escuchando narraciones de la vida de Jesús, los niños se van encontrando con un amigo cercano, vivo, que habla, camina, ayuda, comprende y se entrega a los demás. A través de las diferentes historias buscamos que, siguiendo el ejemplo y las enseñanzas de Jesús, desarrollen virtudes como la amistad, la obediencia y la generosidad.

El libro *Huellas Imborrables* de Josefina Caprile de García Llorente incluye un capítulo titulado *Por lo humano a lo Divino*. En él se explica cómo el cuerpo está íntimamente unido al alma, y de qué manera expresamos y percibimos las realidades espirituales a través de lo material. Esto cobra gran importancia en nuestras clases debido a que el niño capta la realidad y aprende de Dios a través de los sentidos: tocando, mirando, oyendo, cantando.

Privilegiamos el uso de materiales que despierten su curiosidad, los sorprendan y emocionen para que se abran al aprendizaje nuevo. Por ejemplo, muñecos acompañados de elementos atractivos, un Sagrario que se puede abrir y los niños pueden ver a Jesús, unas puertas del Cielo que se abren y cierran. Estos materiales les permiten tocar, abrazar y representar la vida de Jesús, experimentando una cercanía natural con Dios, y aprendiendo a querer a Jesús y a la Virgen María.

No podemos olvidar la importancia del ejemplo; si los niños nos ven dirigirnos a Dios con cariño, fe y respeto, nos van a imitar y, de manera natural, quedará en ellos la semilla de la piedad.

A continuación detallaremos algunos desafíos con sus estrategias, metodologías y consejos que consideramos más adecuados para la enseñanza de la religión en preescolar. Hemos recogido estas experiencias a lo largo de los años y hemos aprendido muchas de ellas de otros profesores que han colaborado con nuestra formación docente.

Podrán encontrar recursos siguiendo los códigos QR insertados en los textos.

2. Desafíos de la clase de religión en preescolar

1.1. Desarrollar la vida en la fe

Introducir a los niños en la fe cristiana desde sus primeros momentos de vida es, sin duda, el mayor desafío que enfrentamos, ya que estamos poniendo las bases de lo que será su vida de piedad y, al mismo tiempo, la relación que ellos tengan con Dios y con su entorno.

Para esto sugerimos:

1. **Visita periódica a la Capilla**: intentamos visitar la capilla una vez al mes para tener encuentros con Jesús en el Sagrario y, de esta manera, poner a Jesús en el centro. Preparamos a nuestros alumnos en la sala, en la que se presenta una réplica del Sagrario fabricada con una caja forrada en papel dorado, cuya puerta se abre; ahí está Jesús, a quien se pueda sacar y tocar (dibujado, de yeso, croché, pañolenci o peluche). Hay también una hostia de cartulina, que representa la Hostia Santa. Esto les permite comprender Quién está realmente en el Sagrario y de Quién hablamos en nuestras clases de religión

Replica de Sagrarios

En la visita al Oratorio, se genera un diálogo muy enriquecedor con ellos, en el que a través de preguntas abiertas se fomenta la cercanía y el respeto a la casa del Señor. ¿De quién es esta casa?, ¿Quién vive acá?, Si voy a la casa de un amigo, ¿qué hago primero?

En algunas visitas le damos a cada alumno un Niñito Jesús, para que lo pueda tocar, abrazar y decirle palabras de cariño al oído. Motivamos la oración diciéndoles que Jesús Vivo y presente en el Sagrario recibe cada palabra, beso y abrazo que le den a su Jesusito.

Otro modo de hacer atractiva la visita es teniendo libros infantiles religiosos en el Oratorio. Así los niños aprenden a acompañar a Jesús mientras disfrutan de una interesante lectura.

Visita a la Capilla

Para expresar la fe les enseñamos a hacer la señal de la cruz, diciéndoles que es la "contraseña de los amigos de Jesús"; a hacer la genuflexión frente al Sagrario; y a arrodillarse o sentarse con respeto para rezar. Además, incluimos agua bendita, muy apreciado a la edad de nuestros alumnos, y les explicamos que es agua especial que Jesús nos regala y que nos ayuda a hacer cosas buenas. A partir de la lectura del cuento *Beso, beso* de Margaret Wild, motivamos a los niños a saludar a Jesús cada día al pasar frente al Oratorio, explicándoles que, al igual que sus padres, Jesús se alegra al ver que lo saludamos y nos despedimos con cariño.

2. **Rezo con altar**: comenzamos cada clase armando un altar con distintos elementos: una mesa o caja pequeña (altar), un mantel, una vela, una imagen de Jesús recién nacido, una de la Virgen y un Rosario. Una vez que está todo preparado, cantamos, rezamos, decimos jaculatorias e invitamos a los niños a decirle

palabras de cariño a Jesús o a María. Les explicamos que son oraciones de alabanza, "cómo si fuera un piropo que le lanzamos al Cielo". Han salido de los niños frases preciosas como: "Quédate siempre en mi corazón", "Te quiero mucho", "Gracias por darme a tu mamá".

3. **Hablarles del Cielo**: presentamos el Cielo con un castillo de cartón (o castillo de juguete), decorado con flores, nubes, arcoíris. Los invitamos a cerrar sus ojos e imaginarse el cielo y describirlo en voz alta. Luego decimos: "El Cielo me lo imagino más lindo que un castillo, más entretenido que una fiesta, lleno de colores, donde hay mucho amor y alegría, y donde viviremos felices para siempre. ¿Quién vive en el Cielo?" A medida que los niños van enumerando, nosotros agregamos a Dios Padre, a Jesús, la Virgen María, ángeles, santos y personas que nombran los niños. Finalmente, animamos a los niños a dibujar su Cielo. Les entregamos una hoja de block doblada como tríptico y ellos lo dibujan como lo imaginan, sin limitarlos. De esta manera, descubrirán que hay un lugar maravilloso al que estamos todos invitados por Jesús. Esta clase permite que aquellos niños que han perdido a un ser querido, puedan hablar sobre eso y ver el Cielo como un lugar feliz y acogedor.

Este castillo lo usamos en muchas clases: en la Resurrección, cuando Jesús nos abre las puertas del Cielo; en la Ascensión; en la Asunción; en la creación de los ángeles; en el cumpleaños de la Virgen María; en la historia de algún santo, etc.

El Cielo

4. **Que sepan que rezar es hablar con Dios**: queremos que los niños descubran que rezar es hablar con Dios. Para reforzar este tema llevamos a la clase tres canastos, uno con varios niños Jesús, otro con Virgencitas y el otro, con ángeles. Se invita a los niños a elegir a un personaje para conversar con él sobre lo que ellos quieran. Pueden elegir el lugar donde estar y también tienen la posibilidad de cambiar de personaje. Es emocionante ver y escuchar las conversaciones que tienen; algunos no solo conversan, sino que también le leen cuentos o le muestran su juguete preferido.

Niños rezando

5. **Familiarizarlos con la Biblia**: al comenzar el año les presentamos la Biblia. Para esto, la envolvemos en papel de regalo y les explicamos que Dios nos la dejó para contarnos su historia, mostrarnos su gran amor y enseñarnos el camino al cielo. Usamos una Biblia infantil con imágenes atractivas. Cada clase, mediante un diálogo guiado por preguntas, recordamos qué es la Biblia. Luego, les mostramos imágenes de una escena de la vida de Jesús y la relatamos con materiales concretos. Cerramos la actividad leyendo el pasaje de la Biblia.

6. **Despertar la piedad a través del canto**: como dice san Agustín "cantar es rezar dos veces". Es por esto que buscamos conectar con las emociones del niño a través de la música. A esta edad los niños disfrutan de la música, por eso vinculamos los aprendizajes al canto y al baile. Una experiencia muy significativa es relatar la historia del rey David, que cantaba y alababa a Dios. Luego, invitamos a cada niño a tocar un instrumento al son de la

guitarra de la profesora. Utilizamos instrumentos construidos por los niños, ya que para alabar a Dios no se necesitan grandes cosas sino un corazón dispuesto.

1.2. Descubrir que soy muy querido por Dios

Se trata de que los niños descubran que Dios los creó con un amor muy especial, que los conoce y que a cada uno lo quiere mucho.

Para esto sugerimos lo siguiente:

1. **Descubrir el gran amor de Dios por nosotros a través del relato de la Creación**:

En la primera clase, representamos el inicio de la Creación con un delantal o un cartón forrado en pañolenci. A medida que relatamos cada día de la creación, vamos agregando el sol, la tierra, las flores, los animales, etc. (Usamos imágenes termo laminadas con velcro atrás).

La Creación

Para que ellos participen en la historia, les vamos diciendo: ¿se imaginan? Dios con su inmenso amor y poder decía: ¡Que haya mar! y el mar aparecía. También interrumpimos el relato para preguntar: ¿qué crees que creó después? Piensa. ¿Qué falta? Y se continúa con el relato. Justo antes del momento de la creación del hombre, decimos: ¿se han fijado cuánto ha cambiado el mundo desde el primer día de la Creación? Donde no había nada y todo era oscuro, se ha llenado de luz, de colores, de plantas y de animales.

Anteojos largavista admiradores: como actividad para cerrar esta clase, fabricamos unos binoculares con rollos de papel y hacemos que cada niño decore el suyo. Luego, salimos al exterior a contemplar la naturaleza. Durante la excursión les preguntamos: ¿qué ven? Y ellos van nombrando lo que ven. De esta manera, queda de manifiesto el poder infinito de Dios.

2. **Yo soy el mayor tesoro, lo más importante, de la Creación**: repasamos la clase anterior y luego decimos: todo lo creado es muy bonito, pero falta alguien que lo cuide y lo proteja. Alguien que pueda pensar, sentir, amar. ¿Quién será? De esta forma destacamos al hombre como lo más importante y amado de todo lo creado, y que tiene la misión de cuidar, amar y proteger lo que le rodea.

Tesoro: colocamos un espejo dentro de una caja bonita forrada con algún papel brillante. Decimos en voz baja: "dentro de esta caja está lo que Dios más quiere de todo lo creado. Lo hizo muy especial y único. Me acercaré a cada uno para que lo vea. Y muy importante, no le cuenten a su compañero para que él también lo descubra". De a uno, se invita a cada niño a ver que hay dentro de esa caja. Al abrirla y ver su reflejo, el niño se emociona y sonríe. Es un momento muy especial e importante en la toma de conciencia del amor de Dios a cada uno.

1.3. Tratar a Jesús como un amigo

Se busca que los niños descubran que Jesús es su mejor amigo, que los quiere, cuida y acompaña siempre. Para lograrlo, les damos a conocer su vida y les mostramos todo lo que hizo por cada uno de nosotros. Buscamos que tengan un trato directo, sencillo y cotidiano con Jesús.

Para esto sugerimos lo siguiente:

1. **Un Jesús de peluche**: un Jesús de peluche siempre acompaña nuestras clases de Religión. Entramos a la clase con la pregun-

ta: ¿a quién quiere mucho Jesús? Y luego, Jesús peluche los apunta uno a uno: "A ti, a ti, a ti". De esta forma concreta, se anima a que se sientan inmensamente queridos por Jesús.

Jesús de peluche

También tenemos un Jesusito viajero (puede ser de yeso, pañolenci o el mismo de peluche)

Este Jesús es enviado a la casa de cada niño con un cuaderno y un libro de oraciones. Jesús los visita para que recen en familia y los acompañe en sus actividades diarias. En el cuaderno, dibujan, pegan fotos, escriben una oración y palabras de cariño a Jesús. Resulta muy motivadora y enriquecedora esta experiencia. Los niños manifiestan una inmensa alegría cuando es su turno para llevar a Jesusito a su casa.

2. **Tener un Corazón rojo**: en algunas clases, entramos con un globo de corazón rojo o un gran corazón de pañolenci y decimos: "El amor de Jesús es tan, tan grande que en Él hay lugar para todos", "¿Quién tiene un corazón más grande que este?", "¿Quién nos quiere mucho?", "¿Qué nos enseña Jesús del amor? Hoy lo vamos a descubrir en la historia que les voy a contar". (Parábolas, milagros).

3. **Despertar su curiosidad con un Cofre del Tesoro**: la primera clase del año entramos a la sala con un cofre (caja forrada dorada): "Aquí dentro traigo el mayor tesoro que podemos tener, Alguien que nos quiere mucho. ¿Quién será?". Se abre el cofre y aparece nuestro Jesús peluche. Durante el año, reforzamos la idea de que Jesús es nuestro tesoro y debemos cuidarlo.

Cofre con Jesús

4. **Contar el nacimiento de Jesús:** el relato del nacimiento de Jesús, con la visita de los pastores y la adoración de los Reyes Magos, es una historia bíblica que atrae mucho a los niños.

Comenzamos el Adviento contando la historia de "Paulita se prepara para Navidad" y motivamos a los niños a hacer regalos de amor a Jesús. Ponemos en la sala una cunita (caja de zapatos forrada con papel kraft, pajita, y una linda imagen de Jesús niño), donde cada mañana los niños dibujan o escriben pequeños servicios que realizan a los demás, como regalo de amor a Jesús.

La última clase antes de salir de vacaciones, ya cercana a la Navidad, vamos a la capilla a adorar a Jesús en el Sagrario. Cada niño lleva en su mano un Jesús en el que ha trabajado para colocar en el pesebre de su casa (papel, yeso). Se le cantan Villancicos para luego dejarle a los pies del Sagrario la cunita con los regalos de amor. En este tiempo, solemos contar diversos cuentos de Navidad.

Cuentos de Navidad

Navidad

5. **Relatar el Bautismo de Jesús y recordar su bautizo:** relatamos el bautismo de Jesús y les explicamos que la Iglesia está formada por todos los bautizados, destacando los regalos que nos da el bautismo. Invitamos a los niños a representar un bautizo. Todos

participan, se eligen papás, padrinos, abuelos, tíos y primos. Pasan adelante los papás y padrinos (uno tiene en brazos una muñeca vestida de blanco; otro, afirma una vela; otro, una fuente y otro, el óleo). Entre ellos eligen el nombre que se le pondrá al bebé. La profesora repite lo que el sacerdote dice al bautizar a una persona y los papás y padrinos responden las preguntas. Los asistentes felicitan al nuevo miembro de la familia de Dios y hacen una fiesta. Para cerrar la actividad, se anima a los niños a preguntar en sus casas por su bautizo; que les pidan a sus padres que les muestren fotografías y se les pregunta si saben quiénes son sus padrinos.

Muñeca para Bautizar

6. **Contar parábolas**: explicamos a los niños que Jesús relataba cuentos breves, llamados parábolas, cuando quería transmitir sus enseñanzas.

El Buen Pastor

El Buen Pastor: para esta actividad utilizaremos un pastor y varias ovejas de juguete, ojalá más que el número de niños en la sala. Abrimos la Biblia donde aparece la escena de Jesús diciendo "Yo soy como el buen pastor"; y le contamos a los niños la historia destacando el cuidado y conocimiento que el pastor tiene de sus ovejas. "El buen pastor tiene muchas ovejas a su cargo, las conoce, quiere y cuida. Cada mañana va al corral donde están sus ovejas y las llama por su nombre." En ese momento, nombramos uno a uno a los niños de la sala y vamos sacando las ovejas del corral. Al final del cuento, preguntamos: ¿Por qué Jesús dice que Él es como un buen pastor? Después de escuchar las respuestas de los niños, cambiamos al pastor por el muñeco de Jesús y a las ovejas por muñecos que representan a los niños. De una manera concreta, los niños comprenden la analogía de esta parábola y los escuchamos decir: ¡Jesús es el pastor bueno y nosotros somos las ovejas que él cuida!

El Buen Samaritano: se abre la Biblia donde aparece la escena de un amigo de Jesús preguntándole: "Jesús, ¿qué tenemos que hacer para ser tu amigo e ir al Cielo?" Jesús le responde con la parábola del buen samaritano. Con muñecos de género o papel relatamos la parábola, incorporando detalles de la vida cotidiana de los niños para hacerla más cercana y comprensible: "Un hombre que iba caminando, fue asaltado. Le robaron la mochila donde llevaba lo más importante de su trabajo, su colación y su botella de agua. Cuando pasó un samaritano, en su burrito, le compartió su pan, su agua y le curó la herida (se le pone un parche al muñeco). Luego, lo subió a su burro y lo llevó a la posada". Para cerrar esta actividad, hacemos una representación de lo sucedido o invitamos a los niños a salir al patio con binoculares para buscar a quién puedo ayudar. De esta manera, los llevamos a descubrir cómo ser buen samaritano.

7. **Sorprenderlos con los Milagros**: presentamos los milagros explicando a los niños que son regalos que solo alguien todopoderoso puede hacer.

Las Bodas de Caná: comenzamos el relato contando que Jesús y María fueron invitados a una boda. Presentamos al novio y a la novia, vestidos como tal. Usamos un jarro de color con polvo de jugo rojo adentro y una botella de agua para mostrar lo que Jesús hará. Mientras relatamos la historia, echamos agua al jarro y… ¡MILAGRO!, el agua se convirtió en vino. Los niños se asombran y celebran. Destacamos la obediencia de Jesús hacia su madre y el cariño de María, que siempre está atenta a nuestras necesidades.

La Tempestad Calmada

Tempestad Calmada: con un barco de unos 70 cm. fabricado con goma eva o cartulina y unos muñecos de pañolenci representando a Jesús y a los apóstoles, damos vida a la historia. Cada niño tiene en su mano un pañuelo azul para participar en el relato de acuerdo a como esté el mar, tranquilo o con grandes olas. Cuando la tormenta azota la embarcación, los niños agitan con fuerza sus pañuelos. Cuando Jesús levanta los brazos y dice: "Calma mar, calma viento", dejamos de mover el barco y los niños, sus pañuelos. "¡Yo estoy con ustedes, no tengan miedo!" Y cerramos comentando qué poderoso es Jesús que hasta el mar y el viento le obedecen.

La multiplicación de los panes: en el relato de este milagro destacamos la presencia de un niño que quiso compartir todo lo que tenía. Usamos un plato de cartón con panes y peces doblados como abanico, de manera que a simple vista se vean solo 5 panes y 2 peces, pero al estirarlos se verán muchos más, evidenciando la multiplicación de los panes. También se puede hacer la representación usando un canasto pequeño con los siete elementos y cambiarlo al momento del milagro por un gran canasto con panes y peces para compartir entre todos los niños. (Recomendamos usar dulces o galletas con forma de peces y panes).

Milagro de la Curación del paralitico: contamos esta historia usando una casa hecha de cartón con una abertura en el techo, desde donde los amigos del paralítico bajarán su camilla. Destacamos la acción de estos buenos amigos que hicieron todo para que Jesús pudiera curar a su amigo. Al finalizar, se le puede pedir a un niño que vuelva a relatar la historia utilizando la maqueta y contando con sus palabras el milagro de Jesús.

8. **Enseñarles a acompañar a Jesús en Semana Santa**: debido al calendario litúrgico comenzamos el año escolar en Cuaresma. Durante todo este tiempo, llevamos a la sala de clases unas puertas del cielo cerradas. Están cerradas con un candado con forma de corazón que nadie puede abrir y comentamos que solo alguien con un inmenso amor, podrá abrirlas. (También utilizamos cada clase de Semana Santa un corazón grande de pañolenci que estiramos mientras hablamos del gran amor de Jesús por nosotros).

Puertas del Cielo

Presentamos la Cuaresma como un tiempo para acompañar a Jesús. Él vivirá momentos alegres (Domingo de Ramos), milagrosos (Última Cena), muy tristes (Viernes Santo) y uno maravilloso, su Resurrección, donde nos abrirá las puertas del Cielo con su gran amor. Recomendamos acompañar este tiempo con diversas lecturas como "El conejito de pascua y su amigo Jesús".

En un panel importante del colegio hacemos unas puertas del Cielo que permanecen cerradas durante toda la Cuaresma y que se abren el día de la Resurrección.

Entrada de Jesús en Jerusalén: después de escuchar la historia, los alumnos preparan una representación. Elaboran ramos con hojas naturales o papeles y se elige a un niño para que interprete a Jesús. Todos se sitúan en dos filas y el niño elegido, arriba de un burro de palo de escoba con cabeza de burro, avanza mientras todos cantan y lo saludan con sus palmas. Se anima a los niños a llevar sus ramos a Misa el domingo siguiente.

La Última Cena: para relatar los hechos del Jueves Santo armamos junto a los niños una mesa (caja de zapatos con 13 orificios) donde vamos poniendo a cada apóstol (figura pegada en palo de helado), identificándolo con su nombre. Sobre la mesa hay una copa con jugo rojo y pan. Relatamos el lavatorio de pies y el milagro de la Consagración. Jesús quería tener una cena muy especial con sus amigos, la Ultima Cena, porque sabía que pronto iba a morir y subir al cielo. Quería quedarse para siempre con nosotros, por eso hace el milagro de convertir el pan y el vino en su cuerpo y en su sangre. Los niños reciben un pedazo de pan de manos de Jesús. Finalmente, les contamos que Jesús nos regala un secreto para ser felices: "que se amen unos a otros como Yo los he amado".

Última Cena

Pasión y muerte de Jesús: relatamos la Pasión y muerte de Jesús, usando un delantal decorado con las imágenes más representativas: el Huerto de los Olivos, las tres cruces, un sepulcro cerrado y en el Cielo, unas puertas cerradas. Se termina la historia de ese día, con Jesús dentro del sepulcro y con un soldado cuidando el lugar.

Muerte y Resurrección de Jesús

Presentamos una selección de imágenes del Vía Crucis destacando algunas estaciones. Usamos imágenes proyectadas o impresas con los niños más grandes, y con los más pequeños, decoramos los paneles de cada curso con una estación. Se invita a los niños a caminar observando, preguntando, rezando y cantando para acompañar a Jesús en cada momento y ofrecerle especialmente lo que nos cuesta.

Resurrección: a la vuelta de Semana Santa, se repasa la historia con el mismo delantal con las cruces y el sepulcro cerrado. Se pregunta: ¿cómo creen que quedaron los amigos de Jesús y su mamá cuando murió? Luego, se continúa con el relato de la Resurrección. Se abren las puertas del Cielo (que está en la parte superior del delantal) y aparece la linda imagen de Dios Padre, Jesús y María, acompañados de otras personas muy buenas. ¡Qué alegría! ¡Jesús cumple con su promesa de abrirnos las Puertas del Cielo!

Muerte y Resurrección de Jesús

El lunes de Pascua el colegio entero está de fiesta. En la entrada, están las Puertas del Cielo abiertas y en la capilla, Jesús saliendo del sepulcro con la palabra "Aleluya" destacada. Cada alumno va a su casa con un globo blanco con una imagen pegada de Cristo resucitado; también puede ser una cinta blanca amarrada en la muñeca, para celebrar la fiesta y recordar la alegría de la Resurrección.

Panel con Puertas abiertas del Cielo

Además, se puede hacer un Cirio Pascual, con un tubo de PVC pintado, para explicar a los niños qué es y cuáles son sus símbolos, haciendo énfasis en que es la luz de Cristo.

Cirio Pascual

Ascensión: usamos el castillo que representa el Cielo y narramos cómo Jesús, bajo la mirada de sus apóstoles, va subiendo mientras les manda la misión de ir por todas partes a enseñar lo que han aprendido y les deja la promesa de que estará para siempre con ellos. Luego, los bendice y desaparece en el Cielo (entra al castillo). Destacamos en esta clase el gran amor de Jesús por nosotros, que se queda en la Sagrada Eucaristía y que podemos visitarlo en el Sagrario.

Pentecostés: comenzamos esta clase contándole a los niños que los apóstoles estaban confundidos, no entendían cómo ellos iban a poder cumplir la misión que Jesús les había encomendado. Ponemos a María y a los apóstoles en un canasto y mientras relatamos el momento en que la llama de fuego (llama de goma eva con alfiler) se posa sobre cada uno; les explicamos que su inteligencia se iluminó y los apóstoles pudieron comprender todo lo que Jesús les había enseñado. Se les llenó el corazón de su inmenso amor y les dio la valentía para poder ir a contarles a todas las personas lo aprendido junto a Jesús. Finalmente, realizamos una representación de Pentecostés. A cada niño se le hace un cintillo con una llama al centro, se sientan en círculo mientras se canta al Espíritu Santo y se le pone la corona a cada niño. También se puede invitar a los niños a hacer con sus manos la forma de paloma, mientras la profesora va pasando una paloma junto a los niños.

Festividad de Corpus Cristi: para celebrar la fiesta del Cuerpo y la Sangre de Jesús se hace una custodia de cartulina dorada de tamaño natural, en cuyo centro se pega la hostia de papel con una imagen de Cristo en el interior. Y se invita a cada niño a escribir un mensaje de cariño a Jesús en un corazón de papel que luego se pinta y se pega alrededor de la custodia.

1.4. *Crecer en las virtudes*

Queremos promover que nuestros alumnos lleguen a ser buenas personas y buenos hijos de Dios. Para esto es necesario mostrarles cuál es el bien, para que lo elijan libremente y sientan gozo en ello. Esta es una labor de muchos años, por lo que hay que partir desde los primeros años.

En nuestras clases buscamos presentarles a un Jesús cercano que los invite a imitarlo, de manera que puedan querer ser y amar como Él. Los animamos a pensar: ¿qué haría Jesús en mi lugar? ¿Cómo trataría a un amigo?

Al conocer la vida de Jesús y sus enseñanzas los niños van desarrollando gradualmente, valores y virtudes básicas. Las virtudes que se resaltan a esta edad son de orden, obediencia, generosidad, honestidad, alegría, respeto a las personas y cosas de su entorno.

Para esto sugerimos:

1. **Les presentamos acciones cotidianas como "regalos de amor"**: son pequeños actos que realizamos cada día, con los que hacemos feliz a Jesús. Regalos no materiales, como ayudar, compartir, rezar por alguien que lo necesita, consolar, obedecer, dejar ordenada mi habitación para facilitar el trabajo a otros, invitar al que está solo, acompañar al que está triste. Usamos láminas con imágenes de niños haciendo estas acciones para dar ejemplos concretos. De esta forma, les enseñamos a preparar el corazón en Cuaresma, Adviento o en el mes de María. Estos "regalos de amor" se representan con monedas doradas con un corazón adentro, que se juntan en un cofre. Todo lo bueno que hacemos, con esfuerzo y amor, se va juntando en nuestro cofre.

Cofre con regalos de amor

2. **Les contamos vidas de santos**: invitamos a los alumnos a conocer la vida de algunos santos, destacando que eran grandes amigos de Jesús que siempre buscaron imitarlo. Los niños asisten al colegio vestidos como algún santo y les pedimos que relaten brevemente a quién personifican y por qué ese santo fue tan amigo de Jesús.

1.5. Reconocer a María como mi mamá del Cielo

Les contamos que Dios quería que su Hijo Jesús viniera al mundo como cualquier niño y, para esto, Él iba a necesitar una mamá muy especial. Esa mamá fue María.

Fue tan buena mamá que Jesús le encargó que fuera la mamá de todos nosotros. Ella nos cuida igual como lo hizo con Jesús. Está atenta a lo que necesitamos, dispuesta a escucharnos y ayudarnos.

Para los niños la figura materna es entrañable; es por esto que los niños la sienten muy cercana y desarrollan un gran amor y confianza en Ella.

Para esto sugerimos:

1. **Presentarles a la Sagrada Familia**: Dios quiso que Jesús tuviera una familia igual como la tenemos nosotros, que lo cuidaran y le dieran todo su amor. Comentamos las virtudes de fe, obediencia y laboriosidad de San José; la piedad y la humildad de María al servir y ayudar a los demás; y a Jesús como un niño

alegre, obediente y ayudador, que siempre fue un buen amigo. Durante al año, vamos descubriendo los distintos momentos de la vida de la Virgen María, siguiendo el calendario litúrgico.

2. **Entender que María puede tener muchos nombres**: presentamos distintas advocaciones de María, haciendo hincapié en que la Virgen María es una. Puede aparecerse en distintos lugares, con distintos vestidos y colores, pero siempre es la misma mamá de Jesús que viene a transmitirnos mensajes importantes, llenos de cariño, que buscan mantenernos cerca de Jesús y de Ella. María elige un lugar y a una o más personas para visitar en la Tierra y entregarnos su mensaje. Por esta razón, la conocemos con diferentes nombres, según el lugar donde se aparece. Para reforzar que la Virgen es una sola se puede utilizar una muñeca que se viste con diferentes vestidos. Para la festividad de la Virgen de Fátima, los alumnos se visten de pastores y, juntos, cantan a la Virgen, y le agradecen que venga a visitar especialmente a los niños.

3. **Enseñarles que en Chile tenemos a la Virgen del Carmen como Patrona y Reina**: elaboramos una muñeca de la Virgen del Carmen con corona, con el Niño en una mano y el escapulario en la otra, y con un largo manto para abrazar a cada uno.

Con esta muñeca, en septiembre, el mes de la Patria, hacemos una procesión por el colegio. Un niño lleva a la Virgen del Carmen, varios trasladan su largo manto, otros flores y el resto banderas chilenas o pañuelos blancos, que mueven mientras se camina y se cantan canciones a la Virgen del Carmen. Para el 16 de julio les contamos la historia de la Virgen del Carmen y el cuento "Juan Huemul miedoso", para explicar el precioso regalo del escapulario que Ella nos hizo.

Procesión Virgen del Carmen

Cuentos Virgen del Carmen

4. **Invitarlos a saludar a la Virgen**: proponerle a los niños saludar a la Virgen cuando pasan frente a una imagen de Ella, pueden tirarle un beso, decirle palabras de cariño, que la quieren mucho, que está linda, que los cubra con su manto.

5. **Relatar la Asunción de la Virgen**: utilizamos muñecos y el Castillo (cielo), desde donde Jesús y Dios Padre envían a los ángeles a buscar a la Virgen María a la Tierra. Ellos con mucho cariño la llevan al cielo, donde la esperan Dios Padre y Jesús con una corona para nombrarla Reina y Madre de todo lo creado. También la hemos celebrado con globos: se pega una imagen, de papel liviano a unos globos inflados con helio y, de estos, cuelgan angelitos pintados por los niños. Al finalizar el relato se sueltan los globos y la Virgen asciende al cielo llevada por los ángeles.

6. **Celebrar el cumpleaños de la Virgen María**: junto a los niños hacemos una preciosa fiesta. Entramos a la sala con un canasto con ángeles y les decimos a los niños que los angelitos necesitan ayuda para preparar el cumpleaños. Un grupo de niños se encarga de armar el Cielo (Castillo) con sus personajes; otros cuelgan los globos; otros decoran con flores; un niño llena la torta de dulces (torta de cartulina o goma eva brillante, con un espacio dentro para los dulces); y otro, el regalo (Rosarios, muchas Avemarías). Cuando está todo listo, entramos con la Virgen y todos le dicen "Sorpresa", para luego cantarle *Cumpleaños Feliz*. Luego, la Virgen abre su regalo, encuentra los rosarios y todos juntos le cantan "Dios te salve María". Finalmente, la Virgencita reparte los dulces

de su torta. Ese día trabajan en una invitación de cumpleaños: se invita a celebrar el 8 de septiembre a la Virgen María en familia, preparando un queque y rezando juntos. También a los niños les encanta hacer una vela de regalo y pegarla en la torta antes de cantarle feliz cumpleaños.

Cumpleaños de la Virgen María

Actividad, Torta cumpleaños Virgen María

7. **Enseñar a rezar el Rosario en el mes de octubre**: para motivar el rezo del Rosario invitamos a los niños a hacer un gran Rosario entre todos. Cada niño pinta con témpera una esfera de plumavit y se enfila el Rosario con ayuda de aguja y lana. Este Rosario gigante se pega en una pared visible, con la imagen de la Virgen al centro y la cruz. Cada alumno reza un avemaría sosteniendo la esfera que pintó. También se puede hacer con flores de papel hechas por los niños que se ponen como cuentas.

Actividad, Rosario con Flores

8. **Celebrar el Mes de María**: Una actividad muy creativa y atractiva para nuestros niños es la Feria Mariana. Se realiza finalizando el mes de María. Ese día se instalan stands a cargo de profesoras; cada uno de ellos contiene distintos materiales y juegos marianos, memorice, puzles, dominó, pinceles y pinturas, disfra-

ces para dramatizaciones y muñecos y materiales de la clase de religión para que representen diferentes momentos de la vida de María y Jesús. Es libre, cada niño elige el stand para jugar.

1.6. *Descubrir que Dios nos regala un gran amigo, el Ángel de la Guarda*

Buscamos que los niños conozcan que cada uno tiene su propio ángel de la guarda que lo cuida y protege toda su vida. Siempre estará acompañándolo y ayudándolo a estar cerca de Jesús para que sienta su amor.

Para esto sugerimos:

1. **Destacar su misión de cuidarnos**: armamos el cielo, con todos los personajes: Jesús, Dios Padre, la Virgen María y muchos ángeles y contamos un cuento que hicimos video.

Mi Ángel de la Guarda

El mensaje es que Dios nos regala a cada uno un ángel de la guarda que nos acompaña, anima, alegra y protege durante toda la vida. Utilizamos un pequeño cojín con el dibujo de un ángel, con un cascabel por dentro. Motivamos a los niños diciéndoles que este angelito habla y tiene muchos mensajes de su Padre Dios. Cada niño saca uno y se les da tiempo para que conversen con él. Luego, los que quieran pueden comentar lo que les dijo su angelito: "Me dijo que me quiere mucho", "Me dijo que me cuida", "Le gusta acompañarme". Para reforzar la idea de que el ángel de la guarda está siempre con nosotros, lo ponemos cerca de los niños mientras hacen sus trabajos, van a la biblioteca o realizan alguna otra actividad.

2.- **Destacar su misión de mensajeros**: ellos nos traen recados de Dios, son sus carteros. Esto lo destacamos en las historias de la Anunciación, en los sueños de San José, en la Resurrección, entre otras.

3. **Destacar su misión de alabar a Dios**: cuando hablamos del nacimiento de Jesús relatamos el momento en que los ángeles aparecen cantando a los pastores en Belén para anunciar que ha nacido el Salvador. Vamos a la capilla, cada uno con su angelito, y cantamos alabando a Dios.

1.7. Ser un puente entre Dios y su familia

Queremos que los niños vuelvan a sus casas entusiasmados con lo que aprendieron en la clase de religión y lo comenten con su familia, despertando en su entorno la piedad, la fe y la alegría de ser cristiano.

Una dificultad característica en la actualidad es que las familias no tienen formación cristiana o no la practican; por ello el ejemplo de sus niños, sus historia y trabajos pueden ser un acercamiento a la vida de piedad diaria.

Complementamos el trabajo en clase, con el envío de material a la casa para generar conversaciones familiares y actividades que lleven a Jesús a su vida diaria.

Para esto sugerimos:

1. **Un niño Jesús peregrino**: tener un niño Jesús peregrino (de yeso, plástico o peluche) que vaya visitando, semana a semana, la casa de cada niño. Esta iniciativa busca incentivar la oración en familia con la ayuda de la imagen de Jesús y un cuaderno que servirá como guía y ayuda para rezar en familia.

2. **Actividades para las familias**: enviar actividades atractivas para realizar en familia. Puede ser material que los niños hayan realizado en clase con su explicación litúrgica; un altar de

la Virgen para celebrar el mes de María; un juego de memorice con personajes de la Biblia; o cualquier otro que se relacione con el tema o las virtudes trabajadas. Por ejemplo, para la festividad de San José, se envía una ficha de cartulina con forma de herramienta en la que se invita al niño a escribir cómo quiere ayudar a los demás. De esta manera, conversa con sus papás sobre las diferentes formas en las que puede colaborar siguiendo el ejemplo de San José.

3. **Una Misa Catequística**: después de explicar en la sala de clases qué es la Misa, se invita a los niños a una Misa Catequística en la capilla, donde el sacerdote y la profesora de religión explican las diferentes partes y su gran importancia. Para reforzar lo aprendido, enviamos una comunicación invitando a los padres a conversar con ellos sobre el valor infinito de la Misa y a vivirla juntos cada domingo.

3. Conclusión

Nuestro desafío es que nuestros alumnos se identifiquen con Cristo desde la primera infancia. Queremos fomentar en los niños la pasión por aprender de Jesús y así lo quieran imitar. Lograr que esperen con ansias su clase de religión y que quieran llegar a casa a comentar lo aprendido.

Intentamos conectar cada tema con las vivencias de los alumnos, para lograr aprendizajes significativos y duraderos. Para ello, es clave escucharlos atentamente, teniendo en cuenta y fomentando sus preguntas. A través de ellas, los niños se expresan, participan y atesoran el aprendizaje.

Resulta desafiante hacer una clase cercana a los niños, pero al planificarla desde su pensamiento concreto, sus intereses y su capacidad de asombro e imaginación, logramos captar su atención y llevarlos a abrirse al aprendizaje nuevo.

A pesar de que trabajamos con niños pequeños, el profesor debe tener una formación religiosa sólida y mantenerse en constante capacitación. Los niños a esta edad no están exentos de las grandes preguntas de la humanidad, por lo que es muy importante que se sientan en un ambiente seguro, donde se acojan y respondan sus interrogantes para ir aprendiendo de manera íntegra, adecuada y coherente cómo crecer en el amor, la fe y la esperanza.

Finalmente, adjuntamos el material elaborado el 2020. El aprendizaje remoto nos obligó a replantear la manera de enseñar y surgió la propuesta de diseñar y elaborar videos para captar la atención de los niños y transmitir las historias de la vida de Jesús de manera cercana.

Entregar estos videos es una manera de compartir lo que hemos aprendido. Pensamos que hoy pueden servir como material pedagógico de apoyo para profesores. Dar ideas y ejemplos de nuevas experiencias de aprendizaje, así como ser una referencia en la narración de las historias de Jesús para niños en niveles iniciales. Estos fueron desarrollados y evaluados por un equipo de profesionales y los textos son adecuados para la edad de los niños.

En este vínculo están disponibles para todos quienes quieran.

4. Links para QR

1. Replica de Sagrario
   https://drive.google.com/file/d/1m_W7tS7ICsti_7miJDPVdiZaRkzIFzJW/view?usp=drive_link
2. Visita a la Capilla
   https://drive.google.com/file/d/15qsoFpqVwe5DeM1EQWh6lOYy1XYFMy4b/view?usp=drive_link
3. El Cielo
   https://drive.google.com/file/d/1pjzKTKbGAF_jGRF4rwaN7ykN-yt3UTJ4s/view?usp=drive_link
4. Niños rezando
   https://drive.google.com/file/d/1iP6OToL0iHaG8f_T-wa-GAtp-Ti2ADk5J/view?usp=drive_link
5. La Creación
   https://drive.google.com/file/d/1PUkE94R2kRy-0wntYYzRNw-yols9Skwgs/view?usp=drive_link
6. Jesús de peluche
   https://drive.google.com/file/d/1BuhwIAREXh5EKCAkrnk06_z1_mv1ReeL/view?usp=drive_link
7. Cofre con Jesús
   https://drive.google.com/file/d/1PIxut-slo1GYZDO0PwL6zfXV-CYwx3if3/view?usp=drive_link
8. Cuentos de Navidad
   https://drive.google.com/drive/folders/1UjqvYISvC09qsUCit6jsM93PdXfPyzlt?usp=drive_link
9. Navidad
   https://drive.google.com/file/d/1IQq9qs5TcWtO0y5BX-mrtCDKGB-fU7mOb/view?usp=drive_link
10. Muñeca para bautizar
    https://drive.google.com/file/d/16ka1mqZwjLI5HrmOBInADruJfZrQEJAX/view?usp=drive_link
11. El Buen Pastor
    https://drive.google.com/file/d/1Wn2o-BYBFwS4vP0SZRe4lc2y_O-UuzXC/view?usp=drive_link

12. La Tempestad Calmada
    https://drive.google.com/file/d/1Lz4FksqlQTaKkynMGzA7yWacAIxa-1YK/view?usp=drive_link
13. Puertas del Cielo
    https://drive.google.com/file/d/1aHPbPQv357LAcninSulcPIe_qzzD-UR_/view?usp=drive_link
14. Libro del Conejito de Resurrección
    https://drive.google.com/file/d/1TUL5EaBD-vioX9hafdMS-qGdbGKDBqC-B/view?usp=drive_link
15. Última Cena
    https://drive.google.com/file/d/1hB4ekug0BoYyxIRz9kwkRmJ85-SnC5qG/view?usp=drive_link
16. Muerte y Resurrección de Jesús
    https://drive.google.com/file/d/1gpimVkCY_cB6f_40nGGmKBTIMI0gwlCY/view?usp=drive_link
17. Panel con Puertas abiertas del Cielo
    https://drive.google.com/file/d/1H2x6BrmBxKcXFaZGqtC8-53psY302bs_/view?usp=drive_link
18. Cirio Pascual
    https://drive.google.com/file/d/1f4vZP_kMY6dXVIbtCN8slRIg3Y-1Dj7L/view?usp=drive_link
19. Cofre con regalos de amor
    https://drive.google.com/file/d/1CVoDo9Ku-5kJooYWfaMhxPi-Bh0Sir3S4/view?usp=drive_link
20. Procesión Virgen del Carmen
    https://drive.google.com/file/d/1sPA7kOtxweaJaDE1kOElfL65Y099dph4/view?usp=drive_link
22. Cuentos Virgen del Carmen
    https://drive.google.com/drive/folders/1iQiAvk3CkCUA65aCH8qXSuSVrqvURsEQ?usp=drive_link
23. Cumpleaños Virgen del Carmen
    https://drive.google.com/file/d/13cVqnL2LuGHGrCtnyKeFTbSCHm6MH1A3/view?usp=drive_link
24. Actividad Cumpleaños Virgen del Carmen
    https://drive.google.com/file/d/1rEhpSrB8LuUHk5-qCf9ie-hcxkQ4Gg9dx/view?usp=drive_link

25. Actividad, Rosario con Flores
    https://drive.google.com/file/d/1a-glVHIrZMapxd3I0XDZUXu_7o0AhtgT/view?usp=drive_link
26. Video "Mi Ángel de la Guarda"
    https://drive.google.com/file/d/1GDOT5uVTFWZWkEcb1BTWO_NZC5_glzjz/view?usp=drive_link
27. Videos
    LAS HISTORIAS DE JESÚS Y MARÍA
    https://youtube.com/playlist?list=PLl04RTbuGEA7oHeah4W5ZLBfVEVWthm2o&si=7WwLZnzrnn1nCOB2

IX

Principales desafíos de las clases de Religión en Educación Básica

Teresita Domínguez
Colegio Villa María Academy, 4° Básico
tdominguez@cvma.cl

Carolina Gutiérrez
Colegio Arzobispo Crescente Errázuriz, Fundación Belén Educa, 6° Básico
carolinaale29@gmail.com

1. Los primeros años

La mayor finalidad de un colegio es formar a los estudiantes para que puedan ser buenos ciudadanos, para que aporten desde su originalidad a la sociedad y para que puedan desarrollar sus talentos y capacidades al máximo. El colegio les entrega poco a poco conocimientos que entrelazados entre sí, les facilitan comprender mejor el mundo y el significado de las cosas.

Pero parte fundamental de la formación de un ser humano es su relación con el entorno, los conocimientos, su capacidad de comprender el valor de las cosas y su misión en la vida. Ahí es cuando la clase de Religión se hace indispensable ya que le ayuda a los estudiantes a descubrir su fin último y dar respuesta a las interrogantes más grandes de la humanidad como: ¿por qué existimos?, ¿hacia dónde vamos?, ¿cómo podemos alcanzar la felicidad y plenitud?, etc.

Un gran desafío es lograr compatibilizar ciencia y fe, ya que muchas veces no tenemos respuesta certera y la fe es quien nos sostiene en la duda. Por eso es muy importante desde los primeros cursos enseñar a los alumnos a confiar en Dios, a darse un tiempo para reflexionar, para escuchar a Dios y para buscar respuestas a sus preguntas.

Cuesta mucho darnos el tiempo para eso, pues el tiempo vuela en los colegios, los contenidos a veces nos apuran mucho el paso y también las inquietudes de los alumnos son muy diversas en un curso, algunos niños se contentan con respuestas cortas y rápidas mientras que otros necesitan reflexionar un largo rato.

También es difícil explicar algo que no vemos, algo que a ojos de otros "no existe", algo que es gratis y a cambio de nada como el amor incondicional de Dios, ya que en nuestra sociedad estamos acostumbrados a que todo es a cambio de "algo".

Los niños no se complican con las respuestas, todo lo contrario: a pesar de ser muy concretos, necesitar cosas tangibles y visibles, son capaces de descubrir a Dios en lo que los adultos a veces ya no vemos. Los niños son capaces de recibir amor gratuito y retribuirlo en forma espontánea. Son también capaces reconocer cuando fallan a ese amor y descubrir formas creativas de remendar su pequeñas faltas.

Pero el desafío en este punto, es con las familias, el entorno y la sociedad que pocas veces valida sus reflexiones las asocia a juego o magia. Muchas veces los adultos minimizan y ridiculizar las expresiones de fe de los niños logrando inhibir en ellos esa naturalidad al comunicarse con Dios.

Por otro lado los adultos debemos aprovechar el ejemplo de los niños y dejarnos llevar por ellos para acercarnos a Dios con naturalidad y sencillez, como un Padre cercano que nos quiere muchísimo.

Recuerdo una vez que una alumna de pre-kinder me dijo que todos los días María bajaba del cuadro que tenía sobre su cama a darle un beso de buenas noches, a lo que yo le respondí: ¡qué suerte tienes y qué rico poder dormirse todas las noches con su beso!, pero al contarle lo mismo a sus padres ellos se rieron y dijeron que era su imaginación, pues María estaba pintada en un cuadro. Con eso, ella probablemente no volverá a contar cuando sienta la presencia de Dios o María cerca, por miedo a que se rían de ella.

Es cierto que los niños confunden la realidad con la fantasía y muchas veces pueden fantasear. Pero ¿qué puede tener de malo que a los cinco años sienta que María se acerca a darle un beso cada noche? Todo lo contrario, deberíamos aprovechar ese inmenso amor de la niña por María y su cercanía para preguntarle: ¿en qué te gustaría parecerte a ella? y trabajar a través de esa experiencia las virtudes.

La clase de Religión inserta en un sistema educacional, debe ser una asignatura más en cuanto a las evaluaciones, cumplimiento de tareas por parte del alumno, planificación por parte del profesor y regirse por el mismo reglamento que las otras actividades escolares. Pero, a diferencia de todas las otras asignaturas, el profesor cobra un rol fundamental ya que no sólo transmite ideas y contenidos, sino que su vivencia.

Es un gran desafío lograr conectar la fe con la vida. Hacer que la doctrina cobre sentido y que dé respuesta a pequeñas dudas. Es también un gran desafío poder lograr que los alumnos descubran a Jesús y puedan tener un primer encuentro y aproximación a Dios con las clases de Religión, respondiendo a sus enseñanzas.

Principalmente en los cursos iniciales el profesor es visto por los alumnos como un especie de "semidiós", que todo lo sabe, no se equivoca y su palabra es ley. Si tan solo enseñamos contenidos con los cuales no necesariamente tenemos que estar de acuerdo no habría problema, pero al profesor de Religión se le exige coherencia. Su palabra, creencias y actuar deben ser coherentes y, de no ser así, se corre el riesgo que el alumno deje de motivarse por la clase.

Muchas veces la clase de Religión es el único momento y conexión del alumno con la fe y si ésta carece de coherencia o el profesor no logra transmitir a sus alumnos la relevancia del mensaje que entrega todo cuanto haga o diga no tendrá peso ni valor para el niño. El profesor de Religión no solo debe tener fe y transmitirla, debe vivirla y contagiar a sus alumnos de su creencia demostrando que lo que enseña les ayudará a ser más felices, a descubrir su misión en la vida y a sentirse hijos amados por Dios.

A través del entusiasmo de los alumnos podemos despertar la fe dormida de sus padres y lograr que se produzca un diálogo muy enriquecedor dentro de la casa. Nuestra misión es lograr que el niño sea en muchos momentos el puente que deje entrar a Dios en una casa donde la fe está dormida. Por eso debemos dar herramientas a las familias para que sepan tratar esos temas con sus hijos.

Los profesores de Religión, al igual que cualquier profesor, son humanos: tenemos buenos y malos días, a veces el cansancio nos supera, pero muchas veces se nos exige mucho más que al resto simplemente por el tema que enseñamos, que no pasa solo por los contenidos, sino que por la experiencia de fe. Por eso es muy importante comenzar cada clase con un minuto de silencio y oración con los alumnos, poniendo todo lo que traemos a la clase en manos de Dios, para que ellos vean que nosotros confiamos en Dios y nos apoyamos en Él en los momentos de dificultad. Después ellos podrán hacer lo mismo. De esa manera, les habremos enseñado mucho más de lo que imaginamos.

De nada sirve llenar a los niños de contenidos que carecen de sentido para su vida, que no les ayudan a crecer espiritualmente y que poco sirven para entender quiénes son y hacia dónde van. Un niño puede recitar todas las oraciones, aprender el catecismo de memoria, etc., pero de nada sirve si no logra vivirlo. Ese es el mayor desafío de la clase de Religión: ayudar a los alumnos a vivir lo que creen y a encontrar sentido en lo que se les enseña. Todo lo que enseñemos tiene que conectarse con la vida, con sus intereses y propósitos. La Palabra de Dios es viva y actual y es tarea del profesor hacer la adecuada bajada pedagógica para que ellos encuentren sentido y actualidad en ella. Hay que enseñar la doctrina en contexto, explicarles a qué se refería Jesús en sus palabras y qué sería lo que diría hoy en el mismo contexto. Un buen ejercicio es ante cada historia del Evangelio contextualizarlos acerca del lugar, costumbres, personajes, etc., para que el mensaje cobre sentido.

Los más chicos pueden decir qué palabras les gustaron, dibujarlas o tratar de explicarles. También se les puede preguntar qué personaje de la historia los identifica, hacerlos imaginar que están en la escena e imaginen qué hubiesen dicho o hecho. Luego pedirle que busquen similitudes en la vida diaria a la historia y traten de identificar de qué manera se podría aplicar lo enseñado por Jesús en este contexto. Una pregunta y desafío un poco mayor es pedirles que traten de explicar cómo pueden ayudar a otros a vivir en el día a día esa enseñanza.

Muchas veces el mundo poco ayuda a que, lo que enseñamos y predicamos en clases sea valorado, pues vamos contra la corriente. Hoy hay una fuerte teoría hacia la educación de los niños pequeños que señala que no deben sufrir, que las cosas se consiguen sin mucho esfuerzo, que las cosas son desechables, etc. Eso se contrapone al Evangelio, Jesús nos invita a seguirlo tomando nuestra cruz, nos invita a perdonar, a trabajar juntos por la construcción de un mundo en paz y ver a todos como un hermano.

A veces cuesta entender por qué la fe a veces parece ser el camino más largo y difícil. Es ahí cuando tenemos que mostrarles testimonios, ejemplos, cuentos, etc., que les demuestren que no siempre lo fácil y rápido es lo mejor. Facilitarles ejemplos que muestren que, cuando perseguimos una meta, cualquier esfuerzo vale la pena y que la felicidad al lograrla es tan grande que olvidaremos pronto las dificultades. Por otro lado, es importante que sepan y sientan en todo minuto que no están solos, que Dios siempre estará con ellos y los sostendrá en todo momento, al igual que celebrará con ellos cada pequeño o gran logro.

Es bueno ayudarlos a no juzgar a los que piensan diferente, sino que a rezar por ellos para que puedan encontrar a Dios igual que como ellos lo han hecho.

Asimismo, muchos buscan la receta de la felicidad en tres pasos y se acostumbran a desechar lo que no les agrada o les dificulta el camino. Por eso el profesor de Religión, más que enseñar la doctrina, debe saber cómo transmitirla de manera que cobre sentido para el alumno y le ayude a entender el auténtico valor de las cosas.

Los alumnos buscan líderes y referentes que los guíen. Quieren que les muestren las cosas claras, que les digan qué hacer y cómo hacerlo, pero muchas veces no están dispuestos a sacrificarse y a ser "el bicho raro". Hoy no es fácil decir que "somos iglesia": esa afirmación puede llevarnos a veces a sufrir burlas, por eso es muy importante lograr transmitir el real valor y significado del Evangelio.

Es bueno que vean cosas "de abuelas" que pueden hacer otros iguales a ellos, aunque sean pequeñas. Que aprendan a valorar los pequeños rasgos de valentía de otros por ser auténticos y que se atrevan a crear lazos y redes entre ellos que los ayuden a permanecer fieles a sus propósitos en todo momento.

El mundo está lleno de personas buenas que pueden transformarse en líderes. Una buena estrategia es comenzar cada semana destacando a alguien en el mundo que ha vivido el Evangelio.

Al profesor de lenguaje nadie lo juzgaría si no vive lo que enseña en sus clases, porque lo que enseña son contenidos que no traspasan al alma; pero el de Religión debe predicar con el ejemplo y a su vez ser un ejemplo, pues muchas veces es un referente tanto para los alumnos como para sus pares, lo cual hace la tarea más difícil y desafiante.

Por otro lado, los alumnos muchas veces piensan que la asignatura de Religión, a pesar de estar inserta en un sistema escolar, debe ser siempre calificada con buena nota, hecho que les ayudará a subir el promedio sin esfuerzo. La nota es un gran tema, ya que la Religión no se aprueba con una buena nota. Tenemos que asegurarnos de que los alumnos han aprendido para la vida, lo cual es muy difícil de calificar y a veces nunca lograremos ver el resultado.

Los padres delegan casi el 100% de la formación religiosa de sus hijos en el colegio, en pocas horas de clases el profesor debe enseñar y transmitir cómo vivir la fe. Muchas veces las familias ya casi no conversan de temas trascendentales, en otros casos las familias se han alejado de Dios, están dolidas con la iglesia y creen muy poco en quiénes la dirigen. Por eso en ocasiones de desprestigia la asignatura, pero a su vez se exige al profesor que sea empático y califique con altas notas a sus hijos. Lamentablemente, la familia dejó de ser el principal transmisor de la fe y muchas veces no solo no lo hace, sino que rema en sentido contrario, a veces haciendo burla o descalificando los comentarios de los niños.

La clase de Religión debe ser un momento de paz, un oasis en la rutina del día. Todos son el alumno estrella: deben sentirse únicos, amados, escuchados, valorados etc.

2. En los últimos años

Impartir clases en educación básica, a diferencia de enseñanza media, nos entrega una pequeña facilidad al bajar los contenidos al interior de las salas ya que por el pensamiento más concreto de los niños y niñas en muchas ocasiones no cuestionan los contenidos entregados por la asignatura de religión y en sus mundos de fantasía y de mayor inocencia. Su creencia en Dios es más sencilla y pura excepto si son influenciados por los adultos de su entorno, ya que toda nuestra formación se va a ver marcada durante los primeros años por lo que nos entregan de su entorno más directo, que son sus propias familias.

En las páginas anteriores hemos querido expresar que los desafíos de la asignatura de Religión no están solo al interior de la salas de clases, sino también con los cambios sociales, culturales, de la iglesia, las familias y su crianza, y uno de los más importantes en los niveles de 5° y 6° básicos —de los que hablaremos a continuación—, los cambios que son propios de la edad.

Todos los profesores de Religión lidiamos con desafíos similares al momento de escoger la pedagogía en esta materia, pero en cada uno de los niveles escolares es distinto. A medida que van creciendo, cambian sus intereses y motivaciones, y por ende se van rompiendo sus creencias primarias para dar paso a sus propias búsquedas y explicaciones a lo que no entienden. Es aquí donde puede titubear su creencia en Dios en algunos momentos, la clase de religión empieza a jugar un papel fundamental para orientar y dar respuesta a esta búsqueda

En los niveles de 5° y 6° básico los niños y niñas comienzan a transitar de la niñez a la pubertad. Esta situación trae etapas de cambio, crecimiento y un deseo fuerte de encontrarse con ellos mismos y con los demás, identificándose con lo que más les entregue sentido. Aparecen nuevos ídolos y figuras de referencia con las que se sienten identificados, las cuales vienen de la música, redes sociales, deportes, etc.

Van cambiando las personas que son para ellos referentes, empiezan a ser más relevantes sus grupos de amigos que su propia familia o los adultos que los rodean. En muchos casos, sus profesores son personas que han sido referentes para ellos, pero al dejar atrás los primeros años de enseñanza básica, también se dejan los primeros docentes que los han acompañado y deben empezar a conocer distintos profesores para todas sus asignaturas, lo cual también provoca otro de los cambios que se suma a esta vorágine que están viviendo. Es por este motivo que debemos aprovechar al máximo estos primeros años de enseñanza para marcar de forma positiva su aprendizaje y su vida, afianzando el espacio de la clase de Religión en ellos e ir imprimiendo esta cultura de formación religiosa, ya que a medida que avanzan los años escolares la asignatura pierde relevancia para los estudiantes.

En este momento, Dios empieza a perder protagonismo en la vida de los niños, lo que provoca un quiebre en su forma de trabajar en la asignatura de Religión. A diferencia de otras asignaturas, que también empiezan a lidiar con los cambios físicos, emocionales y psicológicos de los estudiantes, nuestra asignatura se ve afectada en el compromiso que ellos tienen con este espacio de aprendizaje. Es en esta etapa cuando surgen los cuestionamientos sobre la existencia de Dios y su desarrollo espiritual. Aquí es donde los desafíos para todos los docentes que imparten clases de Religión en estos niveles de educación deben reflejarse en sus planificaciones y clases, haciéndolas cada vez más atractivas e interesantes para los estudiantes.

Por ello, es muy importante la tradición y cultura religiosa que viven los estudiantes al interior de sus familias, porque si viven o tienen una creencia en Dios y en la Iglesia, traspasarán esto a sus hijas e hijos, pero si es lo opuesto, nos encontraremos con estudiantes que tengan un nulo conocimiento o formación en este aspecto, que pertenezcan a otro credo o religión… A su vez, si un estudiante ha crecido en un establecimiento de formación católica a lo largo de su desarrollo y ha tenido formación religiosa por tradición, nos sirve para aligerar la carga, sobre todo los primeros años escolares.

Cabe hacer una diferencia con los colegio laicos, pues hoy en día no imparten únicamente formación religiosa. De hecho, en muchos recintos escolares se pide a los docentes trabajar solo valores y, al no tener una calificación sumativa, se presentan mayores desafíos para sacar adelante la asignatura. Estas son las pequeñas "mochilitas" formativas con las que nos toca trabajar al interior de las salas y a las cuales, a lo largo de toda su educación escolar, trataremos de formar en la asignatura de Religión, porque lidian con un desinterés mayor que los niños que estudian en colegios de formación católica.

En esta etapa comienzan los cambios físicos, emocionales, afectivos, comienza la pubertad, sus intereses empiezan a ser distintos, sus mayores referentes ya no son solo sus padres, si no que los amigos toman gran relevancia para ellos, la construcción de su identidad empieza a formarse por la opinión de su entorno y, por ende cuestionan su aprendizaje de mayor forma, buscando argumentos que los sustentan (ya que gradualmente su pensamiento más concreto comienza a cambiar, entienden conceptos más abstractos, simbólicos y empiezan a dar diferentes interpretaciones a su entorno).

Es por todo lo antes mencionado que las clases de Religión deben movilizarse para hacerse motivadoras e interesantes para los estudiantes de estos niveles, ya que no aceptarán todo lo que se entrega como contenido en nuestra asignatura como lo hacían en los años anteriores. Debemos estar preparados para estos cambios, sobre todo si hemos sido sus profesores durante toda su educación básica. En algunos momentos puede ser difícil tener a esos mismos niños que hace algunos años aceptaban y creían en todos los contenidos entregados en la asignatura sin cuestionarlos de ninguna manera, y en muchas ocasiones hasta su comportamiento era más tranquilo en las salas de clase, a diferencia de lo que ha sucedido en estos niveles durante estos últimos años (sobre todo con la vuelta de las clases a la presencialidad tras la pandemia).

Los estudiantes en estos niveles se están definiendo en su identidad. Por ello, no saben si son niños o adolescentes, y esos ajustes desafían la creación del material para cada una de las clases. En los años anteriores, el material de clase y la didáctica eran dentro de un formato con una metodología distinta. Sin embargo, en los niveles más grandes de enseñanza básica, deben ir cambiando porque encuentran algunas propuestas –ya sea en el material audiovisual o didáctico– muy infantiles o muy difíciles de comprender, porque ya no tienen tantas animaciones o dibujos como en los años anteriores. Esto les desafía a mayor razonamiento y comprensión, y eso en muchos momentos los desanima y provoca cambios de comportamiento en las clases. A veces disfrutan demasiado las actividades más sencillas y más animadas, volviendo a ser niños en esos momentos.

Ha sido un desafío crear material de clases atractivo y alineado con el currículum para estos cursos, evitando las clases demasiado discursivas. Los contenidos a estos niveles avanzan en dificultad y requieren una comprensión más profunda para explorar los misterios de la fe y discernir que la asignatura enseña contenidos al igual que otras, sin intentar adoctrinar en la Religión Católica. Esto puede explicar por qué, a veces, muestran cierta resistencia a participar, especialmente aquellos que no se identifican como creyentes. Además, es importante destacar que la asignatura no se evalúa con una nota final, sino de manera formativa.

Una de las estrategias que han resultado efectivas y motivadoras para los estudiantes consiste en introducir el juego con un sentido académico dentro de las clases, lo que da un aspecto más lúdico a los espacios de trabajo con estudiantes, así como dinamismo a los contenidos para enseñarlos de manera atractiva. Los niños esperan esos espacios dentro de las clases y marcan una diferencia con respecto a las otras asignaturas.

Los contenidos en estos niveles también suponen un importante desafío, ya que hay un trabajo más profundo en la historia sagrada de las escrituras y en comprender la religiosidad en el ser humano, trabajando su espiritualidad para entender cómo el hombre vive su religión. Estos aspectos nos empujan a ser cada vez más creativos para presentar nuestras clases y no perder la atención de nuestros estudiantes en este proceso, ya que esa pérdida de atención, en muchas ocasiones, los estudiantes pueden transformarla en desorden y disrupción en las clases.

Este aspecto representa un desafío considerable, dado que el comportamiento de los estudiantes ha experimentado cambios significativos debido a transformaciones sociales y culturales, agravados por la pandemia. Muchos de ellos tuvieron sus primeras experiencias presenciales en las aulas durante 2º y 3º de educación básica, lo cual afectó su adaptación al entorno escolar. En algunos casos, debido a la transición abrupta a la enseñanza virtual, solo se priorizaron las asignaturas troncales, dejando fuera la religión durante un periodo de tiempo. Al volver a las salas de clases, los estudiantes debieron comenzar a socializar y compartir sus espacios con sus compañeros, que durante dos años solo veían a través de una cámara (en una etapa en la cual la influencia de los demás es tan importante, y donde tienen que aprender a aceptar sus cambios y los de los demás, entendiendo sus diferencias y aprendiendo a convivir con ellas en el mismo espacio). La clase de Religión se puede volver un apoyo muy importante para enseñarlos a convivir con otros de acuerdo a la propuesta de Jesucristo y como él aceptaba a todos sin mirar sus diferencias, trabajar con ellos el amor al prójimo y el respeto a todas las personas que nos rodean. Con ello, la asignatura entrega una formación transversal en estos aspectos no solo por los contenidos propios que se imparten, sino también porque se les está presentando una propuesta de vida.

Las generaciones son muy distintas dependiendo de su entorno y familia. Es por eso por lo que, al interior de las salas de clases, son muy variados los grupos de estudiantes que se pueden encontrar: algunos con un desarrollo más infantil, otros con los cambios de la pubertad a flor de piel… Estas diferencias emocionales entre ellos a veces generan conflictos con los que hay que lidiar, porque aún no tienen una gran capacidad para aceptar que son diferentes en muchos aspectos. Todas las emociones las viven con mayor intensidad y desde ahí tenemos la misión de acompañarlos, porque tienen en cierto modo una mirada más centrada en ellos mismos aún y están formando su propia identidad.

Este aspecto puede ser una gran oportunidad para la clase de Religión, ya que a diferencia de cualquier otra asignatura, este espacio puede entregar un profundo aprendizaje en valores a través de la persona de Jesucristo como un modelo de aprendizaje y de trato a los demás. Con las clases podemos hacer reflexionar a los estudiantes en cada uno de los espacios de aprendizajes, y en este aspecto Jesús se nos muestra como un modelo para nosotros como profesores, ya que la sabiduría con la que enseñó a otros es digna de imitar.

Puede que Jesús haya sido el primer profesor de Religión en la historia –por decirlo de una forma–, ya que, además de predicar las enseñanzas de su padre, se acercó siempre con ternura, acompañó y guio a todos los que lo rodearon. Sus formas nos marcan el camino a nosotros como profesores de religión para así educar a nuestros alumnos en la fe.

La asignatura puede ser una oportunidad que nos permita generar un vínculo especial con los estudiantes: nos brinda temas con los cuales podemos movilizar a los niños a reflexiones más profundas, espacios de diálogo más fraterno entre ellos… Pero esto nos desafía y pone en juego nuestra vocación por educar, ya que siempre van a solicitar de nosotros más tiempo del que en muchas ocasiones disponemos. Querrán espacios de escucha y consejo, sobre todo en esta etapa, que se vuelve tan compleja de manejar por los numerosos cambios que están viviendo.

Sin embargo, puede ser una tremenda oportunidad para la clase de Religión, y también para nosotros, si logramos que los estudiantes visualicen todo lo que pueden encontrar dentro de este espacio. Eso nos exigirá ir más allá y no quedarnos en ser solo un profesor imparte sus clases y luego sale de la sala y se olvida de lo que se ha compartido en ese espacio de aprendizaje.

Decidir aventurarnos en este camino puede resultar en una ganancia significativa. Tendremos estudiantes motivados y dispuestos a aprender y participar en nuestras aulas, sabiendo que este espacio marca la diferencia respecto a otras asignaturas. Aquí no solo adquieren conocimientos, sino que también son escuchados y reciben nuestro apoyo. Esto les permitirá sentirse más conectados con la clase y valorarla por sí misma. Así, evitaremos la constante lucha por validar nuestra asignatura dentro de la escuela, ya que los estudiantes reconocerán su valor más allá de una evaluación sumativa.

Ser profesores de Religión en la sociedad actual presenta muchos desafíos. Vivimos en un tiempo donde la fe y los valores espirituales a menudo se ven cuestionados y desplazados por otras preocupaciones. La desilusión hacia la sociedad y los problemas diarios pueden hacer que sea difícil ver la importancia de Dios en nuestras vidas. Sin embargo, es crucial que cada día renovemos nuestra vocación y nuestro amor por formar a otros en la profunda humanidad de Jesucristo.

Nuestras salas de clases son grandes oportunidades para presentar una perspectiva diferente de la vida a nuestros estudiantes. Como profesores, modelamos, reflejamos y damos testimonio de nuestra propia vida. Especialmente en nuestra asignatura debemos ser modelos activos de Jesucristo para los demás.

Les animamos a seguir adelante, a pesar de los desafíos que se presenten al enseñar a estas nuevas generaciones de estudiantes. Debemos ser luz en medio de sus vidas, ya que hoy más que nunca buscan modelos a seguir. A través de nuestra dedición y el establecimiento de vínculos significativos, podemos impactar profundamente en sus vidas dentro y fuera del aula. Es un desafío diario generar espacios de aprendizaje significativos, pero vale la pena. La conexión genuina con nuestros estudiantes marca una diferencia invaluable en su desarrollo y crecimiento personal.

Principales desafíos de las clases de Religión en Educación Media

Roberto Cisternas
Colegio San Bernardo Abad, IV medio
robertocisternasv@gmail.com

Eladio Durán
Liceo Carmela Carvajal de Prat, 7° básico a IV medio
eladioduran@gmail.com

1. Introducción

Cuando se nos hizo la invitación a coescribir un artículo, surgió de inmediato la interesante inquietud de cómo interpretar una misma partitura con un único instrumento. Además, los intérpretes de la pieza, serían dos personas que no se conocían y que venían de lugares muy distintos de un mismo mundo educativo. ¿Cómo asumir ese desafío?, ¿cómo poder ejecutar una obra que no sonara disonante ni estridente a los sentidos del lector?

Conocernos fue el primer paso. Y con el título del artículo en la mano (nuestro instrumento), nos dimos a la tarea de elaborar la composición que sería ejecutada a 4 manos. Después de dialogar perfilando algunas perspectivas de aproximación, surgió la idea en nosotros que debían haber algunas cuerdas que fuesen comunes (y las mismas) sobre las que ejecutaríamos los distintos acordes, procurando que cada uno aportara los colores de sus propios acordes. Estas cuerdas fueron 5: contexto, programa, profesor, clase y trabajo colaborativo. Los clavijeros serían dos, para ajustar y afinar: la Educación Subvencionada y la Educación Pública.

Después, vino el proceso de composición. Nos reunimos en sesiones más o menos sistemáticas, en las que fuimos compartiendo algo más que la experiencia educativa que sería volcada en este artículo; cuestiones que, desde la reflexión pedagógica y la de la vida misma, fueron muchas más de las que estarán reflejadas en el texto mediante el cual pretendemos dar respuesta a lo solicitado para la clase de Religión en la enseñanza media.

La opción que nos pareció más adecuada para la presentación fue la de escribir sobre las mismas cuerdas desde la experiencia de cada uno, como un canon a dos voces, pero con momentos de ejecución conjunta: la introducción y la conclusión. Sobre el título mismo, le dimos algunas vueltas, pero nos pareció providencial el que se nos fue propuesto "**Principales desafíos de las clases de Religión en Media**", por eso lo mantuvimos; además, quisimos ir intencionando, como notas tónicas, el concepto de "desafío" que irá apareciendo, casi como una estructura letánica, para ir enmarcando la lectura misma del texto, el cual caminará así hasta una conclusión al unísono.

2. Contexto

La práctica de la docencia y su objeto propio, la enseñanza, es una dimensión que, para ser comprendida, esto es, la construcción de significado está fuertemente condicionado por el contexto en que se realiza y la perspectiva desde que el docente aproxima el contenido en la enseñanza. Si esta es una condición común a todas las asignaturas, es particularmente sensible en la enseñanza de la clase de Religión en la educación pública.

Antes de describir la experiencia de clase de Religión en esta parte del artículo, se hace necesario hacer una precisión de contexto: marca una diferencia muy significativa en dónde se ubican los niveles de 7 y 8 Básicos, si es como cursos terminales de ciclo (escuelas que tienen hasta Octavo Básico); en este caso la forma en que las y los estudiantes se auto perciben ("los y las más grandes de la escuela"). En el caso de algunos establecimientos públicos, es probable que los menos, aún mantienen la antigua estructura de división de la Educación: "Primaria" (1° a 6° Básico) y "Secundaría" (7° Básico a IV° Medio). En este último contexto es que me ha tocado desempeñarme desde hace unos 15 años, a la fecha.

La educación pública se ha visto envuelta en una vorágine de acontecimientos, desde el 2006, con el "movimiento pingüino", y, desde el 2011 el "movimiento estudiantil", que ha condicionado los contextos secundarios: Estudiantes movilizados, con participación activa. Uno podrá o no estar de acuerdo con las causas representadas, pero no se puede desconocer el fenómeno manifestado con particular énfasis en estos últimos 15 años.

Esa situación de realidad ha puesto temas de reflexión en la educación como son: la justicia, la dignidad, la calidad en la educación, entre otras temáticas más globales, como son las denominadas de modo genérico "causas sociales". Toda esa realidad se ha impuesto como un espacio de reflexión acerca de la realidad "terrenal" del Reino de Dios entre este mundo educativo.

En este punto, ajustar o calibrar la mirada pedagógica considerando los criterios de realidad, presentes en el contexto, ya sean que promuevan valores constructivos o valores destructivos (o antivalores, según se prefiera llamar), serían un desafío clave para poder hacer realidad una adecuada elección curricular.

En el caso de los colegios subvencionados, la asignatura de Religión, se manifiesta con una marcada diversidad religiosa, además de estar condicionada por una histórica relación entre Iglesia y Estado, ya que, a pesar de que Chile es un país mayoritariamente católico, en las últimas décadas se ha experimentado un aumento en la diversidad religiosa y la creciente presencia de personas no religiosas (o directamente anti-religiosas) o pertenecientes a otras confesiones. Formalmente, la Constitución de Chile establece la separación entre la Iglesia y el Estado. Sin embargo, la educación religiosa en colegios subvencionados por el Estado ha sido tradicionalmente suministrada por la Iglesia Católica, lo que ha generado debates sobre si esto constituye o no, una vulneración a la laicidad.

Por otra parte, la Ley de Subvención Escolar Preferencial (SEP), destina recursos adicionales a las escuelas con altos porcentajes de estudiantes en situación de vulnerabilidad, afectando con esto a la asignatura de Religión, ya que los colegios subvencionados que reciben fondos estatales, deben ofrecer una educación religiosa optativa, lo que significa que los estudiantes y sus padres tienen la posibilidad de elegir si desean recibir dicha formación. Los contenidos de estas ofertas, suelen estar vinculados a la religión católica, pero deben ser impartidos de manera ecuménica para respetar la diversidad religiosa. Incluso la libertad de religión y conciencia (también establecida constitucionalmente), garantiza a los estudiantes el derecho a no participar en actividades religiosas y a recibir educación religiosa acorde con sus creencias o valores. A lo largo de los años, muchos padres y agrupaciones de padres, han realizado críticas y debates sobre la pertinencia de la educación religiosa en colegios subvencionados, así como la necesidad de una educación laica y pluralista que respete la diversidad religiosa y los derechos de todos los estudiantes.

La diversidad religiosa, el laicismo estatal, y la libertad de conciencia, serían las condiciones basales para la elaboración e implementación de la clase de Religión, lo cual se plantea desde ya como un desafío, sin embargo, esto se complejiza aún más, a la hora de pensar una clase para jóvenes y adolescentes que se encuentran cursando la educación media, ya que en muchos casos parten de la base de no querer estar ahí.

3. Profesor

El Profesor o Profesora de la asignatura de Religión, es un elemento clave en el proceso de la enseñanza, cuestión que es común a todos los y las docentes. Todo lo demás queda solo como un dato de "realidad preexistente", léase programa, contexto, clase, trabajo colaborativo, si no es actuado por el factor humano de esta parte del proceso. Por lo que el y la docente son el motor de que esto sea posible.

Desde mi observación de la práctica docente en espacios de educación pública, la figura del profesor resulta ser muy significativa, por la proximidad que tiene con los estudiantes, ya sea en el lado luminoso, que implica que es un testimonio personal y profesional en un modo de hacer y de ser, especialmente, en esta asignatura de Religión. Lo importante en esta línea, será que el profesor procure formarse bien, en relación a los conocimientos que vamos a entregar, considerando el "amor a la verdad" y el "rigor intelectual", como un acto de diligencia en el proceso educativo.

Desde mi experiencia, el desafío como profesor ha sido estar en un constante perfeccionamiento, ya sea mediante instancias formales de formación o, también, de autoformación. Una autoformación en temas pedagógicos o disciplinares. Me ha resultado muy importante procurar desarrollar cierto conocimiento experto en el área del diálogo fe-razón o ciencia-religión.

"Dios ha hecho que, a partir de uno solo, las más diversas razas humanas pueblen la superficie entera de la tierra, determinando las épocas concretas y los lugares exactos en que debían habitar. Y esto para ver si, aunque fuese a tientas, pudieran encontrar a Dios, que realmente no está muy lejos de cada uno de nosotros. En él, efectivamente, vivimos, nos movemos y existimos…(Hechos 17, 26-28).

Hace poco más de una década, en Chile se vivía una situación migratoria particular, pues habitaban en Santiago una gran cantidad de personas de nacionalidad peruana. En aquel entonces, una de las reflexiones que se consideraban importantes, era el cómo realizar una clase participativa e inclusiva de los nuevos estudiantes, sobre temas "delicados" como, por ejemplo, los que trabajaban los profesores de Historia y Geografía, en contenidos como la Guerra del Pacífico entre Chile, Perú y Bolivia.

El rol del profesor en una clase de temas "delicados" sería determinante para la inclusión o segregación de los estudiantes extranjeros, pues pareciera ser natural que, en una clase sobre la Guerra del Pacífico, los estudiantes concluyeran una relación de "vencedores y vencidos".

El profesor, por tanto, se convertía en un agente activo de inclusión, de comunión y promotor de un trato fraternal entre los estudiantes (o bien podría ser todo lo contrario).

Al igual que la reflexión de hace más de una década, otrora de vanguardia pedagógica, hoy nos encontramos con una nueva crisis migratoria, ya que en la actualidad, ha aumentado exponencialmente la inserción de estudiantes extranjeros al sistema escolar subvencionado. No sólo de un país, sino que muchos otros: Venezuela, Haití, Ecuador, Colombia por nombrar algunos, afectando directamente la forma de relacionarnos con nuestros estudiantes, y por sobre todo, la forma en la que planteamos nuestras clases, puesto que, a mayor diversidad cultural (y por ende religiosa), más desafiante se vuelve la preparación de esta.

Si bien la situación actual se podría asumir como una dificultad, siento muy personalmente que esta se convierte en una oportunidad para el profesor, ya que su clase sería la posibilidad de ser una instancia de comunión e integración de los nuevos estudiantes. Muchos de ellos tienen serias dificultades como por ejemplo la indocumentación (y por consiguiente un ingreso familiar deficitario), el dominio del lenguaje en algunos casos, la falta de recursos materiales y un grupo familiar reducido, que deshace la red de apoyo de los cercanos como abuelos, tíos u otros.

Gran parte de los estudiantes extranjeros, no sólo deben cumplir con las exigencias académicas, sino que, además, deben cargar con la heredada exigencia de la inserción social en un entorno hostil, muchas veces marcado por el hacinamiento, el trabajo infantil (que aún siendo ilegal, es común que en los sectores más vulnerables los estudiantes trabajen), la violencia, el narcotráfico y la hipersexualización de las conductas adolescentes entre otras.

El profesor por tanto, no se plantea la clase de Religión como una oferta académica más (con las exigencias formales que ello implica), sino que la convierte en la oportunidad real de inclusión e inserción social, como un consuelo y refugio a las difíciles experiencias por las que han transitado un grupo no menor de nuestros jóvenes.

4. Programa

El programa se define como una herramienta de diseño y secuenciación de cualquier disciplina a desarrollar. Antes de abordar la idea sobre la relevancia del Programa, conviene considerar lo que el programa dice de sí mismo. La palabra "programa" proviene del griego "programa" y significa "escrito con anterioridad", según el uso y costumbre de los griegos, con este término designaban a la "orden del día", o sea, aquellas actividades planeadas y prescritas que servían como "guía" durante las funciones organizadas.

Desde esta perspectiva, todo programa tiene esa nota distintiva, la de ser una guía, una hoja de ruta a seguir, pero no es un "recetario mágico" que se de cumplir con el rigor ritual de quien está conjurando fuerzas ignotas. El programa se dispone como un sistema o conjunto de herramientas a utilizar para desarrollar las habilidades necesarias en los y las estudiantes.

Entonces, dado que las herramientas disponibles para cada etapa delineadas como las adecuadas por el programa, el o la docente, deberá tomar la mejor decisión en el contexto situado en el que debe "intencionar" aquello que quiere producir. Entonces, el programa presenta una cuestión interesante de observar: un buen programa se ve potenciado por las decisiones acertadas tomadas por el profesor o la profesora; pero, el mismo buen programa puede resultar nefasto por decisiones inadecuadas tomadas por el profesor o la profesora. Un muy buen programa puede ser un auto de Fórmula 1, pero si no tiene un conductor debidamente preparado y entrenado, en el mejor de los casos no le sacará todo su potencial y, en el peor de los casos, lo estrellará, no pudiendo generar ni una acción pedagógica con la intención programada.

En las Bases Curriculares de Religión Católica (BCRC), del año 2020, se manifiestan los "Propósitos formativos de la clase de Religión", se señala que *en esta asignatura se espera que los estudiantes, al finalizar su formación en la enseñanza media, hayan desarrollado una mirada religiosa sobre el ser humano, la sociedad, la naturaleza y la cultura, que les permita discernir lo mejor para sí mismos, para los demás y para el mundo, con el fin de poder optar de acuerdo con sus creencias y valores* (BCRC EREC 2020, p. 31). Este es un principio muy relevante para la educación media pública, pues establece un punto de acceso muy universal para que cualquier estudiante se sienta invitado a participar de la asignatura y encontrar en ella un aporte a su formación integral.

Mi experiencia en un sistema público, me ha indicado que el desafío, en relación al Programa, ha sido poder conocerlo con una mirada sistémica global, lo que me ha permitido tomar decisiones en áreas importantes de la planificación curricular, como lo es la Progresión de Habilidades y Conocimientos; lo anterior desarrollado de modo pertinente.

En el caso del contexto subvencionado, el programa propuesto hasta el año 2005, tendía a ser de una línea más tradicionalista, sin considerar el desafío de la inclusión como un bien alcanzable. Con esto no digo que antes no existiera inclusión, sino que, al parecer, la promoción evangelizadora tendía hacia una homogeneización más comunal que universal, pues en cierta medida, la práctica docente estaba más enfocada en la enseñanza que en el aprendizaje.

Hoy en cambio, la consideración de la diversidad religiosa (que acarrea consigo una diversidad de las prácticas culturales), es imperativa a la hora de programar y planificar una clase, pues promover una única explicación de la fe puede resultar incluso "violento" en una cultura del derecho y del empoderamiento apasionado de nuestros jóvenes.

A las diferentes valoraciones de las prácticas religiosas que traen consigo la culturas de nuestros estudiantes extranjeros, se le suma un nuevo tipo de eclecticismo: Me refiero al cúmulo de prácticas a veces inconexas, pero que están fuertemente arraigadas a la cultural juvenil: La ideología de género, el discurso político de expresiones disruptivas, la sociedad del derecho, la asimilación parcial de prácticas como el budismo o hinduismo, los chacras y otras tantas, que no siendo necesariamente un mal, en su conjunto muchas veces inarticulado, fomentan un confuso ascetismo que en vez de promover una reciedumbre de la vida espiritual, la terminan empobreciendo, y posan al cristianismo como una "ideología más" dentro de tantas otras.

El desafío que este nuevo estudiante nos ofrece, y la interculturalidad "religiosa" que el aula presenta, serían la oportunidad de buscar un programa de una línea más universal e incluyente, posibilitando de tal modo, la apertura en mirada de las distintas expresiones de cultura religiosa, como parte de una iglesia viva, inclusiva, actual y para todos.

5. La clase

La clase es un escenario en que la enseñanza se debe actuar. Esa actuación es principalmente técnica, aunque pueden darse espacios de "improvisación", pero, paradojalmente, sólo puede improvisar de manera pertinente, quien conoce la técnica. En la clase todos esos elementos se deben evidenciar para el bien del o la estudiante. Para observar esta parte del proceso miraremos los parámetros que establece el Marco para la Buena Enseñanza (MBE). Esta ha sido una herramienta que me ha ayudado a organizar el proceso de entrega de contenidos.

- PREPARACIÓN DE LA ENSEÑANZA: el contenido o conocimiento a entregar debe ser pensado desde momento anterior a la entrega misma en la clase. Muchas veces, me ha llevado a precisar mejor los elementos que están en la planificación general. En el contexto de un Liceo público y emblemático, la selección precisa de los contenidos que son imprescindibles o basales, se me ha impuesto como una condición necesaria para la entrega de la asignatura.

- CREACIÓN DE UN AMBIENTE PROPICIO: este punto ha sido un tema en que la asignatura debe procurar abrir un espacio de desarrollo. Es la experiencia que me ha tocado vivir. Por un lado, está la valoración de la clase como un espacio de encuentro con temas interesantes que van a recibir y por otra parte, el interés por temas "emergentes" propuesto por los y las estudiantes. Esta realidad requiere que la clase pueda contar con las conductas adecuadas para que eso pueda darse: normas claras, acuerdos definidos, espacios de confianza, respeto y participación de todos y todas los y las estudiantes.

– ENSEÑANZA PARA TODOS: desde mi experiencia docente, la posibilidad cierta de que "el aprendizaje sea para todos" sea un principio a promover, aunque en la realidad no alcance a ser una implementación efectiva, es importante considerar, al menos, desde la estructura de la clase y los recursos necesarios para ese contenido lo que los elementos de la teoría educativa indican, como lo son "estilos de aprendizajes" y los "ritmos de aprendizajes". Con esas dos coordenadas integradas me han permitido una aproximación más amplia a todos los y las estudiantes de esa clase.

– RESPONSABILIDAD PROFESIONAL: en mi experiencia, este aspecto implica la reflexión a partir de los propios procesos implementados. Es muy relevante considerar un ejercicio reflexivo sobre los aspectos técnico pedagógicos y disciplinarios. Mirar la propia práctica docente, en Religión, se torna una herramienta determinante para discernir cuál es la mejor opción pedagógica para el desarrollo del contenido siguiente.

En la clase el desafío desde mi experiencia, es desde la enseñanza, establecer un principio de rigor intelectual, lo que siempre me ha implicado hacer una reflexión sobre hasta qué punto un elemento debe simplificarse, de no ser posible, cómo aproximarse sin vaciar ese conocimiento de su contenido propio. Desde el aprendizaje, cuál es el punto que refleja "las altas expectativas" que se tienen para esa clase. Estas dos claves, me han permitido trabajar el "sentido de competencia" en los y las estudiantes, los cuales, aunque sean de creencias diversas o, mal asignados como "no creyentes", puedan comprender el contenido y tener un "encuentro con el sentido" que, probablemente, le va a permitir tocar los puntos de trascendencia humana y, porque no, religiosa.

En un contexto subvencionado de una clase optativa, o por el contrario, en un colegio subvencionado católico, donde la clase es obligatoria: ¿Cómo ganamos la atención de los estudiantes que no quieren estar, o en su defecto, que están físicamente pero desatentos? ¿Cómo logramos una clase significativa, y que no termine siendo un cumplimiento de actividades formales carentes de sentido o valor para los jóvenes? ¿Cómo nos enfrentamos a estudiantes que están constantemente desafiándonos e interpelando nuestro conocimiento sobre los contenidos o la (in)consecuencia en nuestras prácticas y discursos? ¿Cómo nos vinculamos en estas condiciones?

La reflexión previa a la clase, podría entenderse muchas veces como un tiempo innecesario o a veces perdido, pues en la reflexión o discusión sobre la cuestión pedagógica, no se observa un resultado material inmediato, como sí se podría evidenciar en la gran cantidad de actividades administrativas que un docente debe realizar (listas, subir notas y planificaciones a sistemas, evaluaciones constantes, ticket de salida, atención de apoderados, tutorías y un largo etc.). Sin embargo, la reflexión como hábito y dinámica proactiva (y no reactiva), posee un valor fundamental para la validación de la subjetividad docente, aquello que de nosotros sale a los demás, ya que permitiría apropiarnos de nuestras didácticas y convencernos de que lo que hacemos en el aula, es lo mejor que como profesores podemos dar a ese grupo de jóvenes. Pensar el qué y el cómo de nuestra labor, siempre estará filtrado por nuestras propias experiencias personales puestas en "ese" grupo de estudiantes. ¿Cómo ha sido mi experiencia con respecto a aquello que me resultó difícil, o aquello que me resultó efectivo? ¿Cómo actuaría yo si tuviese la misma edad de estos jóvenes, y si estuviera sometido a los mismos estímulos? ¿Cómo creo que se sentirían mis estudiantes extranjeros con esto o aquello? ¿Cómo se sentirían mis estudiantes nacionales con esto o aquello? ¿Lo que estoy proponiendo, los acerca o los separa? ¿Los incluye o descarta? ¿Si yo fuera un estudiante de mi clase, me acercaría o me alejaría de Dios? El poder deliberar sobre estos temas, me otorgarían un alto poder de convencimiento de mis prácticas, centradas en lo medular de un proceso de aprendizaje, y descentrarían las exigencias externas (como el condicionamiento habitual al cumplimiento de ciertos tiempos, planificaciones o programa) que tanto tiempo y atención suscitan al momento de preparar las clases. El ponernos en el lugar de nuestros estudiantes y ofrecer algo que les genere valor o sentido, es la oportunidad que tenemos para producir una clase vinculante, pues la relación significativa con nuestros estudiantes, sólo se da satisfaciendo las necesidades que ellos tienen, sean estas tanto conscientes como inconscientes.

La puntualidad, la presentación personal, la clase bien preparada, el prestigio profesional, el saludo fraternal, el buen humor, el no horrorizarse frente a sus comentarios, el validar sus impresiones, el empatizar con sus intereses, el manifestar un genuino interés en las conversaciones de pasillo o recreos, son algunas de las herramientas con las que contamos para promover el vínculo, ya que una vez logrado, tendremos el camino pavimentado para el desarrollo de nuestra clase.

La clase de Religión es la instancia para relacionamos fraternalmente, independiente de las nacionalidades, los recursos y las diversas posturas que se tiene sobre la vida, ya que una vez vinculados con nuestros estudiantes, podremos invitarlos a conocer a

Cristo, no como personaje histórico, o como un Hippie "buena onda", sino como un Cristo vivo, actual y agente en la vida de cada uno nosotros, presentado como un hombre concreto, digno de conocer o más aún, de seguir. Debemos pensar nuestra clase como universal, inclusiva, vinculante y Cristocéntrica, para ir sorteando las siempre delicadas experiencias de nuestro quehacer docente, condicionados por la subvención estatal y sus ya mencionadas limitaciones.

6. Trabajo colaborativo

El trabajo colaborativo, en mi experiencia, ha sido una necesidad cada vez más relevante. Implica abrirse a la experiencia de compartir espacios de organización y criterios de selección de los elementos en los que se expresa algún nivel de comunión e integración. Esta experiencia declarativa, en el espacio de la educación pública es una conquista (o evangelización) del espacio pedagógico en el que la clase de Religión no siempre es apreciada o valorada; en algunos casos, puede ser incluso atacada desde otras asignaturas de manera directa, pues se ve como un espacio de "adoctrinamiento" desde una mirada "religiosa" en un espacio "laico", cuestión que, a la sombra de los testimonios eclesiales faltos de coherencia y probidad, avivan, de cuando en cuando, esa animadversión contra todo lo que suene a Iglesia o Religión.

No obstante, lo antes descrito, hay experiencias exitosas y muy gratificantes de encuentro y colaboración en la asignatura de Religión.

Es evidente que el principal desafío en esta área es vencer los prejuicios que las otras asignaturas y los docentes tienen sobre la asignatura; así como los que uno tiene respecto de esas asignaturas que pueden parecer tan distantes de la de Religión. Es un camino que se construye desde la disposición personal, desde un diálogo profesional que va aproximando la realidad de comprensión lo que permite generar esos espacios de colaboración pedagógica. Desde mi experiencia ha sido el camino más saludable en el área de la educación.

En el sistema subvencionado, la clase de Religión se ofrece desde el comienzo como una asignatura minusvalorada, pues dentro de este sistema, la clase puede ser optativa, además de no contar con calificación que influya en la promoción escolar. La cancha, por tanto, está cuesta arriba, pues ¿cómo haríamos de la clase de religión una clase formal, importante y con rigor académico cuando desde el mismo establecimiento se podría imponer lo contrario? Es más, muchos de quienes hacemos clases de religión en la educación subvencionada debemos luchar con la forma de pensar de los propios colegas y colaboradores, que van en directa oposición a las enseñanzas de Jesús, y donde lo que se podría proponer como válido en nuestra clase, puede incluso llegar a ser descartado en otra clase de un profesor no creyente. En apariencia el panorama se ve mal (de hecho, así es), pero se nos abre una posibilidad, pues a diferencia de una ciencia exacta, la clase de Religión se puede articular a cualquier fenómeno humano, y por ende a cualquier área disciplinar: Los valores y el desarrollo moral del sujeto, El devenir histórico y la importancia en la construcción de la cultura y las artes, la literatura, la política y las ciencias sociales, el pensamiento racional y filosófico, el medio ambiente y la administración de los recursos naturales, reflexiones en torno a la pobreza, la economía, los derechos humanos, la igualdad y la justicia serían puntos de encuentro para nutrir de valor otras asignaturas, como también enriquecer la aplicabilidad de nuestra propia clase. La invitación es a ponernos imaginativos y a crear nuevas instancias de experiencias significativas, pensadas en Dios, pero articuladas a nuestras propias experiencias humanas.

7. Conclusiones

Después de estas notas esparcidas en esta partitura y a modo de conclusión, queremos dejar como si fueran unos compases que, en esta pieza de reflexión pedagógica sí deben estar presentes.

Un desafío relevante para poder dar cuenta de la realidad educativa, es la consideración del contexto, siendo este cada vez más diverso y desafiante; este nos ayudará a afinar bien la selección del conocimiento, su relevancia y el modo más adecuado para trabajarlo con los estudiantes, concatenado con una reflexión previa y subjetiva, que nos empodera y convence de las decisiones tomadas al momento de la práctica pedagógica.

Otro desafío relevante es el conocimiento del Programa por parte del docente: esto le permitirá poder anclar de modo pertinente toda acción educativa que emprenda, articulando el Trabajo Colaborativo que las dinámicas curriculares nos proponen: hoy se hace necesario salir a compartir con el mundo educativo, las perspectivas de la clase de Religión, como un aporte al desarrollo de la dimensión espiritual, ética y moral que promueven la Ley General de Educación en su artículo 2°. Es en el diálogo con otras disciplinas en que seremos, como dice el evangelio, una semilla del reino, como el grano de mostaza, y esa luz sobre el almud, que aporta perspectivas de vida y esperanzas a otras asignaturas, y principalmente a estudiantes de la enseñanza media.

Nos parece importante relevar el nuevo enfoque de la Enseñanza Religiosa Escolar Católica, la que hace una manifiesta opción de enfoque a partir de una perspectiva antropológica cristiana, indicando expresamente que *"El presente programa de Religión Católica busca ofrecer a los estudiantes el desarrollo integral de su persona en los términos antes señalados; la promoción integral del conocimiento, y la inserción crítica y colaborativa en la sociedad, desde una perspectiva física, afectiva, intelectual, moral y espiritual, de acuerdo con su edad y su etapa de desarrollo, tal cual se declara en la Ley General de Educación promulgada el año 2009"* (BCRC, EREC 2020, p. 32).

Por lo tanto, todos los desafíos que puedan levantarse en los distintos contextos que a muchos profesores de Religión nos corresponde desarrollar, debe tener en cuenta este encuadre general, es decir, *"en este enfoque deben enmarcarse aquellas temáticas que forman parte de la esencia del cristianismo y que hoy están presentes en la reflexión antropológica contemporánea, como son: la corporalidad–espiritualidad, la conciencia y la moralidad, la libertad y, sobre todo, el valor y el sentido de la acción humana en el mundo"* (BCRC, EREC 2020, p.32).

Con estos elementos, creemos con certeza, que pueden abordarse los principales desafíos de la clase de Religión en la Educación media, tanto pública como subvencionada. Así, de modo maravilloso, el milagro del Reino de Dios, humilde y pequeño, comienza a crecer, como el mismo Jesús explica en su pedagogía de maestro: *"...el Reino de los Cielos es semejante a un grano de mostaza que tomó un hombre y los sembró en su campo. Es ciertamente la más pequeña que cualquier semilla, pero, cuando crece, es mayor que las hortalizas, y se hace árbol, hasta el punto de que las aves del cielo vienen y anidan en sus ramas"* (Mt 13, 31-32). Con esa mirada evangélica , la clase de Religión, desde el breve tiempo que el horario escolar otorga, puede ser un espacio de esperanza que se amplía en las demás áreas educativas.

Esperamos haber sonado, al menos, de modo calofónico... y que esta sea una partitura que pueda ser leída e interpretada por otros profesores, a fin de enriquecer la discusión sobre nuestro quehacer docente.

Principales desafíos de las clases de Religión para alumnos con Necesidades Educativas Especiales

Paul Mella
Colegio Tabancura, 1º a 3º básico
paulmella@tabancura.cl

Isabel Margarita Lucero
Colegio Los Alerces, Apoyo en clases de PK a 4º básico
imlucero@colegiolosalerces.cl

1. Introducción

La inclusión educativa de alumnos que presentan alguna necesidad educativa especial (NEE) es un desafío constante, tanto del contexto educativo, como también de la vida diaria. Es relevante dar una especial mirada a los obstáculos que estos estudiantes enfrentan en el aula, pero bien vale la pena dar un par de pasos más atrás, logrando una observación panorámica de la situación y con ello, darse tiempo para preguntarnos cuál es el objetivo de tener clases de Religión para este grupo de alumnos: ¿deberíamos enfocarnos en priorizar contenidos en lenguaje, matemática u otras asignaturas, que serán más funcionales en su vida futura? ¿Es necesario destinar recursos a los estudiantes que necesitan más apoyo? Son preguntas que creemos valiosas, pues antes de propiciar estrategias, cambios o ideas nuevas, es mejor comenzar el camino con la certeza de tener resueltas tales interrogantes.

Para acercarnos a una respuesta podemos recurrir a la fuente más importante para los profesores de Religión: *"Respondiendo el Rey, les dirá*: *En verdad os digo que en cuanto lo hicisteis a uno de estos hermanos míos, aún a los más pequeños, a mí me lo hicisteis*" (Mt. 25:40) Este pasaje de San Mateo nos acerca a una reflexión ineludible, que está presente en los fundamentos de nuestra labor: los "más pequeños de estos hermanos" son justamente aquellos que enfrentan mayores obstáculos para acceder a la educación formal, y requieren una planificación personalizada. ¿Por qué es importante enseñarles Religión? Porque es la asignatura que los acerca a Jesús, quien nos enseñó que "no hay amor más grande que dar la vida por sus amigos". ¿Por qué privarlos de ese amor? Ayudarlos a sumar y restar es valioso, pero acercarlos al "mandamiento del amor" es totalmente esencial. La respuesta, entonces, es un rotundo sí a ese amor, y la clase de Religión no debe estar en un segundo plano, de hecho, debe ser la más importante de la semana, la mejor preparada y la más innovadora, destinada a todos alumnos, incluso a los "más pequeños de mis hermanos".

En este capítulo, proporcionaremos estrategias que ayudarán a los profesores de Religión, así como de otras asignaturas, a planificar clases más inclusivas y cercanas. En el primer apartado analizaremos el concepto de Inclusión educativa, resumiendo sus aspectos más relevantes, su evolución y sus objetivos principales. Luego, definiremos las Necesidades Educativas Especiales (NEE), y distinguiremos entre NEE transitorias y permanentes, conceptos fundamentales en nuestra labor docente. A continuación, compartiremos estrategias y orientaciones educativas para trabajar con alumnos con NEE, herramientas que serán de gran utilidad al planificar clases y abordar los desafíos que puedan surgir con cualquier alumno. Después expondremos sobre el concepto de diversificación, el cual es clave, tanto para una buena planificación de la clase, desarrollo de la misma y su posterior evaluación. Finalmente entregaremos algunas conclusiones de lo expuesto.

2. Inclusión educativa, camino y fin

El concepto de *inclusión educativa* se enmarca en un profundo cambio cultural, fundamentado en los principios de derecho y equidad. La inclusión no debe considerarse como un destino final, sino más bien como un proceso continuo que requiere de una revisión y reflexión constante.

Para entender lo que hoy significa la inclusión educativa, es esencial retroceder en el tiempo y explorar el proceso evolutivo de este concepto. Hace algunos años, las personas con discapacidad eran excluidas de las actividades sociales y pasaban la mayor parte del tiempo en sus hogares, sin acceso a la educación formal. A este período se le denomina "exclusión", y es una etapa previa al surgimiento de las escuelas especiales.

Posteriormente, se reconoció la importancia de que las personas con discapacidad tengan acceso a la educación más formal, lo que dio origen a las escuelas especiales. En este punto, vimos la creación de instituciones destinadas a estudiantes con discapacidades específicas, como escuelas para niños ciegos, sordos y aquellos con discapacidad intelectual. Este período se conoce como "segregación", ya que si bien se reconocía el derecho a la educación, ésta se proporcionaba de manera aislada y diferenciada del resto de los alumnos.

Es importante destacar que las escuelas especiales siguen existiendo en la actualidad, y continúan siendo valiosas, ya que con un formato flexible y aulas con menos alumnos, atienden a las necesidades específicas y se centran en objetivos funcionales para la integración de las personas con discapacidad en la sociedad.

Actualmente, estamos en un período de transición entre dos conceptos: "integración" e "inclusión". La "integración" se refiere al objetivo de que los alumnos con NEE puedan asistir a los mismos colegios que los demás, con planes de apoyo, adaptaciones y estrategias que buscan responder a las diferentes características y necesidades. Sin embargo, esto implica apoyos diferenciados y la intervención de profesionales especializados.

La inclusión educativa teóricamente implica que las escuelas deben acoger a todos los estudiantes por igual, valorando las diferencias como oportunidades de aprendizaje y promoviendo la participación activa y sentido de pertenencia en toda la comunidad. El gran desafío radica en la formación continua de los docentes y la implementación de estrategias que permitan diseñar las clases, incluyendo las distintas realidades y desempeños de todos sus alumnos. En este contexto, surgen conceptos como DUA (Diseño Universal para el Aprendizaje) y diversificación de la enseñanza.

En nuestro país nos encontramos actualmente en una fase de transición, en que la integración escolar coexiste con los esfuerzos para avanzar hacia la inclusión, que aborda todas las necesidades educativas de los estudiantes durante su trayectoria escolar.

Según nuestra experiencia, no existe un modelo ideal de inclusión educativa, ya que no se puede encasillar el mundo de las NEE en un único enfoque. La inclusión es un proceso dinámico y reflexivo, el cual va respondiendo a múltiples factores, y solo se considera exitosa cuando se logra configurar un conjunto de elementos que benefician no solo a la persona con discapacidad, sino que a toda una comunidad educativa, a su familia y compañeros.

Como todo camino, la inclusión educativa representa un desafío constante. Uno de ellos es cambiar el paradigma que divide a los estudiantes en dos categorías: aquellos con discapacidad y aquellos sin ella. Derribando este paradigma, nuestras planificaciones debiesen considerar a todo el grupo como un conjunto diverso, con una variedad de estilos de aprendizaje, características, intereses y necesidades. La discapacidad es una parte más de estas diferencias y no una excepción.

Dicho en otras palabras, "la educación inclusiva es, pues, un proceso por el cual se ofrece a todos los alumnos y alumnas la oportunidad de seguir siendo miembros de la clase ordinaria y de poder aprender dentro del aula con compañeros y compañeras de su grupo. De este modo, todos los futuros ciudadanos y ciudadanas aprenden a convivir con la diversidad que existe en la sociedad sin hacer exclusiones, desarrollando actitudes y valores que les enseñen a vivir en una sociedad plural y diversa" (Huguet, 2018, p. 38).

En resumen, la inclusión educativa se fundamenta en la idea de ofrecer a todos los estudiantes la oportunidad de aprender juntos, independientemente de sus necesidades, con el fin de propiciar una educación donde se aprenda a convivir en la diversidad.

Permitirnos la inclusión educativa, es otorgar experiencias únicas a nuestros estudiantes, experiencias que los harán virtuosos y cooperativos, donde irán perdiendo el miedo a aquello que es diferente. Los estudiantes que aprenden en contextos educativos inclusivos no solo desarrollan virtudes como la tolerancia, el respeto, compañerismo, sino que también aprenden sobre un valor agregado de la vida, viven la compasión en el día a día, y desarrollan capacidad de servicio.

3. Necesidades Educativas

Un cambio significativo en la perspectiva hacia la discapacidad y las dificultades educativas se centra en la incorporación del concepto de necesidades educativas especiales (NEE), donde el foco no está puesto en la desventaja que tiene la persona, sino que en los desafíos que presenta para poder lograr los objetivos de aprendizaje. Aquí la mirada no está en la etiqueta del diagnóstico, sino que en la relación con el entorno. Esta nueva perspectiva nos lleva a reconocer que las dificultades surgen principalmente en el proceso de interacción, lo que implica que la preparación de un profesor para su clase debe considerar las diversas realidades de su grupo de alumnos y sus respectivas necesidades.

De esta perspectiva más amplia, también surge el concepto de "barreras para el aprendizaje", el cual considera la capacidad de modificar y replantear nuestros modelos de enseñanza abarcando todas las características de nuestro grupo curso, sin dejar de lado a aquellos que presentan alguna necesidad educativa especial y/o discapacidad.

En ambos conceptos, tanto de necesidades educativas especiales (NEE) como de barreras para el aprendizaje, el paso número uno de todo profesor, está en identificarlos y abordarlos, propiciando los apoyos necesarios durante el tiempo que se requiera. El tiempo que se determinen estos apoyos, marca la diferencia entre las necesidades educativas especiales transitorias y permanentes. Es importante comprender que, independientemente de la discapacidad que puedan presentar nuestros estudiantes, algunos requerirán de apoyos transitorios, que se brindarán durante un periodo específico de su educación, mientras que otros necesitarán apoyos permanentes, que se mantendrán a lo largo de toda su trayectoria escolar.

Al profundizar en la relación entre los diagnósticos y los tipos de apoyos, se observa que, en general, los apoyos transitorios (NEE Transitorias) se otorgan a estudiantes que enfrentan dificultades como el déficit atencional, dificultades de aprendizajes, la dislexia, entre otros. Por otro lado, los apoyos permanentes (NEE Permanentes), que varían según los niveles educativos y las características específicas, se destinan a estudiantes que tienen discapacidades como: sordera, ceguera, Síndrome de Down, Trastorno del Espectro Autista, entre otros.

Es importante mencionar que los apoyos y ayudas especializadas que se otorgan permitirán a los estudiantes acceder y progresar y, en caso de no proporcionarles tales apoyos, verán restringidas las oportunidades de aprendizaje y crecimiento.

4. Estrategias para una enseñanza inclusiva

A continuación les presentaremos algunas estrategias útiles que creemos relevantes para tener presentes en nuestras clases de Religión. Esta propuesta se construyó a partir de la experiencia en el aula, de las orientaciones mencionadas por Huguet, en su libro *Aprender juntos en el aula* (2018), de sugerencias mencionadas por Tomlinson (2008) en su libro *El aula diversificada* y en las estrategias planteadas por Emilio Rodríguez (2012) en su texto *Programación educativa para escolares con Síndrome de Down.*

1.1. Diseño de la clase

El siguiente listado de estrategias está pensado para el momento en que el profesor comienza a planificar su clase, sobre todo si se trata del profesor de Religión, pues por lo general debe planificar para distintos niveles y grupos de alumnos.

- **Conoce la realidad del grupo.** Es primordial conocer el curso, sobre todo en el inicio del año o período. Si consideramos que dentro de nuestro grupo tenemos a alumnos con NEE, sería de gran ayuda hablar con los profesores jefes, acceder a la información recabada en entrevistas, coordinar reuniones previas con los especialistas de apoyo pertenecientes al colegio, incluso, entablar alguna conversación con sus padres. En ocasiones la información aquí recopilada es muy importante para "quebrar el hielo" entre alumno y profesor. Muchas veces de esta preparación previa se encuentran verdaderas joyas de información, como los gustos, intereses y hobbies de los alumnos, los cuales serán sumamente útiles para construir un vínculo. Proponemos realizar diferentes instancias con actividades lúdicas con el curso según la edad, que tengan por objetivo conocer las características y recoger intereses, como por ejemplo: cuestionarios de entrevistas, formularios, juegos de participación, entre otros.

— **Trabaja colaborativamente con otros profesores y especialistas.** La colaboración con otros profesores, tanto de asignaturas, como jefaturas o especialistas (educadores diferenciales, psicopedagogos, psicólogos) es sumamente importante en nuestra realidad de profesores de Religión, pues nos conecta, nos invita a trabajar en equipo y nos aleja de la visión de "profesores isla". Estar inmersos en todas las dinámicas del colegio es vital.

— **Diseña actividades que propicien experiencias satisfactorias en el aula.** Luego de conocer las características, intereses y necesidades de nuestro curso, se deben planificar actividades que respondan a la diversidad del grupo, lo cual permitirá eliminar y/o disminuir las brechas de aprendizajes con aquellos que presentan mayores dificultades. Recomendamos especialmente metodologías como juegos, proyectos, trabajos colaborativos, estaciones de trabajo, centros de interés, entre otros.

— **Prioriza objetivos.** Al momento de planificar una clase de Religión es muy importante pensar en el aprendizaje esperado para todos los estudiantes, considerando especialmente aquellos aspectos concretos o de unión con la vida cotidiana de los alumnos. Por ejemplo, comentar sobre elementos litúrgicos en una clase de 3° básico debería tener una unión directa con la celebración de la Misa dominical familiar, puesto que los alumnos que presentan alguna NEE Permanente y/o discapacidad, se verán altamente favorecidos si elementos de su clase están relacionados con vivencias personales, lo cual facilitará su comprensión.

— **Utiliza la pedagogía narrativa.** No podemos olvidar la sencillez y naturalidad con la cual Jesús habló, utilizando parábolas para transmitir enseñanzas espirituales de manera simple y cercana. Recomendamos fomentar la narración en la asignatura de Religión, experimentando los beneficios de sentarse juntos y escuchar, tal como hace dos mil años se sentaron los primeros apóstoles. Hablar, relatar historias de manera cercana a nuestros alumnos, nos ayudará a vivir la trascendencia espiritual, sembrando una pequeña semilla a través de la más pura de las estrategias, la narración.

— **Planifica y diseña los procesos de evaluación.** Al inicio de una unidad es altamente beneficioso planificar de inmediato la evaluación final de la misma, enfatizando en los objetivos primarios a alcanzar. Con esta claridad sabremos con certeza los objetivos que estamos persiguiendo y podemos también descartar aquellos que van apareciendo con el correr de las clases. Muchas veces los profesores de Religión, en nuestro afán por acercar la clase a la realidad de nuestro grupo de alumnos, vamos ampliando los objetivos y engrosando nuestras clases con mucha información, lo cual perjudica el logro de objetivos iniciales, convirtiéndose en una barrera para aquellos que presentan mayores dificultades en el aprendizaje.

— **Identifica los estilos de aprendizaje y habilidades de los alumnos que presentan NEE.** Conviene preguntarnos siempre: ¿cómo aprenden nuestros alumnos?; ¿qué estilos de aprendizaje predominan en el grupo (visual, auditivo o kinestésico)? Considera las preferencias individuales y alinea las actividades con los contenidos de tu unidad de Religión. Por ejemplo, podemos observar alumnos con NEE que gustan de los dibujos, o bien de contenido audiovisual. Tomar en cuenta esta información para planificar los distintos contenidos propiciando más recursos visuales (imágenes, libros, vídeos), será altamente beneficioso.

— **Equilibra entre expectativas y apoyos.** La inclusión dentro del aula es una balanza de colaboración, donde la clave es el equilibrio entre creer en las potencialidades de nuestros estudiantes y otorgar las ayudas que necesitan. Creemos que este equilibrio es uno de los factores decisivos entre la confianza y el asistencialismo. Por un lado, están las expectativas sin límites, y por otro lado los apoyos que permitan el cumplimiento de estas expectativas. Es un equilibrio entre el mensaje "tú puedes" y "estamos aquí si nos necesitas". Tener presente esta balanza es relevante al momento de diseñar nuestras clases.

— **Propicia estrategias de colaboración.** Fomentar la colaboración entre alumnos les permite vivenciar la ayuda y el sentido de servicio hacia el prójimo. Se ha observado que en aquellos cursos donde hay alumnos con alguna discapacidad, y esta interacción se basa en la colaboración y el respeto mutuo, se desarrollan habilidades socioemocionales y virtudes que difícilmente se cultivarían de otra manera. Las experiencias compartidas en estos entornos se traducen en una mayor sensibilidad y actitud constructiva frente a la discapacidad.

1.2. Inicio de la clase

El grupo de estrategias mencionado a continuación será muy útil para tener en cuenta al momento de iniciar la clase, considerando en este inicio los primeros 10 a 15 minutos de la misma. Momento propicio para implementar estrategias específicas que motiven a los estudiantes, establezcan objetivos claros y aseguren el éxito de la lección.

- **Sé puntual y cuida la disciplina.** Es esencial comenzar la clase puntualmente. En este momento inicial, es necesario establecer acuerdos de conducta y disciplina que aplique a todos los alumnos, incluyendo aquellos con NEE. Todos los estudiantes deben participar y cumplir con estos acuerdos, ya que cada uno sigue siendo un alumno con potencial para elogios, y si es necesario, correcciones. Ellos nunca deben ser tratados como alumnos con permisos especiales de disciplina, o bien, con normas de conducta demasiado flexibles, pues se perjudica el desarrollo de la clase en general.

- **Da a conocer los objetivos de la clase.** Al iniciar la clase, es esencial explicar claramente los objetivos de aprendizaje, la estructura y las actividades que se llevarán a cabo. ¿Qué se espera que los estudiantes aprendan durante la sesión? Estos objetivos deben ser planteados de manera clara y sencilla para la comprensión de los alumnos. Es útil escribir los diferentes momentos o actividades en la pizarra para que todos los participantes sepan cuándo comienza y termina la clase, lo que reduce la ansiedad y prepara a los estudiantes para los diferentes momentos de la misma.

- **Anticipa y estructura la clase.** Ambos son elementos cruciales para crear un entorno propicio para el aprendizaje de cualquier estudiante, pero adquieren una importancia aún mayor cuando se trata de personas con NEE Permanentes, como por ejemplo alumnos que presentan trastorno del espectro autista. Al establecer claramente los objetivos de aprendizaje desde el principio, proporcionamos a los estudiantes una sensación de seguridad, indicándoles claramente dónde comienza y dónde terminan las actividades planificadas. Esta claridad reduce significativamente los niveles de ansiedad y facilita una conexión más profunda con los contenidos de la clase.

Desglosar la estructura de la clase paso a paso y representarla en la pizarra mediante palabras simples o pictogramas (dibujos representativos) ayuda a nuestros estudiantes a planificar mentalmente lo que vendrá a continuación. Otra acción que promueve la colaboración en la comprensión de la estructura y las instrucciones, es la de involucrar a ciertos alumnos que expliquen con sus propias palabras o que ayuden a guiar a sus compañeros que puedan enfrentar más dificultades. Esta práctica crea un ambiente de apoyo mutuo que no solo mejora la comprensión, sino que también fomenta la participación activa de todos los estudiantes.

1.3. Desarrollo de la clase

Durante el desarrollo de la clase, es esencial implementar una variedad de estrategias que permitan una experiencia educativa enriquecedora para todos los estudiantes. A continuación, se presentan algunas pautas y consejos para gestionar efectivamente las actividades planificadas y mantener un ambiente de aprendizaje respetuoso y colaborativo:

- **Fomenta un clima afectivo.** Es importante propiciar un clima basado en la afectividad, donde se potencie el vínculo con cada uno de los estudiantes. Conocer a cada estudiante por su nombre crea un vínculo significativo que fortalece la relación profesor-alumno.

— **Utiliza un lenguaje simple.** Hablar con un lenguaje claro y explícito, especialmente a la hora de entregar instrucciones, facilita la comprensión y ayuda a los alumnos a seguir la clase de manera más cercana. La precisión es valorada por los alumnos y contribuye a un entendimiento claro de todo lo que sucede en el aula. No debemos temer a ser concretos, pues ellos lo agradecen.

— **Promueve la participación de todos los estudiantes.** Favorecer diferentes instancias de participación es esencial, especialmente asegurando la de aquellos estudiantes que podrían quedar al margen por no atreverse, por ejemplo, a levantar la mano. Debemos procurar que las instancias de participación sean acordes a las capacidades de los estudiantes, esta acción es clave para lograr el equilibrio entre otorgar experiencias de aprendizaje satisfactorias versus exponer a los alumnos a experiencias desagradables que pueden afectar su autoestima.

— **Verifica la comprensión de manera constante.** Para descubrir si nuestros estudiantes están comprendiendo las instrucciones y lo que sucede en la clase, no solo basta con preguntar "¿alguna duda?, ¿se entendió?", sino que también es necesario utilizar algunas preguntas específicas que ayuden a evidenciar de manera concreta la comprensión de las instrucciones, como por ejemplo: ¿qué pasos hay que realizar ahora?, ¿por dónde vas a comenzar?, ¿qué material necesitas para comenzar? Un monitoreo continuo, especialmente de aquellos que presentan dificultades de atención, concentración y comprensión, garantiza un seguimiento adecuado de las actividades.

- **Promueve el movimiento.** Debemos reconocer la necesidad universal de movimiento, incluso en el aula. Permitir momentos para cambiar de posición, caminar por el aula o tomar breves descansos contribuye a un ambiente más dinámico y participativo.
- **Valora las experiencias previas.** Potencia instancias donde se establezcan relaciones constantes y explícitas entre los nuevos aprendizajes y las experiencias previas de los estudiantes, es decir, preguntar qué saben sobre el tema a introducir. En este sentido es importante tener espacios donde los estudiantes aporten con experiencias, opiniones o ideas para enriquecer la clase, siendo estas acciones favorecedoras de una participación significativa.

  Es importante considerar y aceptar todos los aportes que compartan, aunque algunas veces nos parezcan más relevantes y otras no nos parezcan atingentes. Hay que tener presente que los estudiantes establecen relaciones con sus conocimientos previos, que en ciertas ocasiones, están alejadas de lo que esperamos.
- **Enseña los momentos para pedir ayuda.** Es necesario enseñar de manera explícita las maneras de pedir ayuda e identificar cuándo solicitarla, por ejemplo, entregar o tener a la vista pautas orientadoras con indicadores como, "pido ayuda cuando no entendí qué hacer, cuando olvidé lo que hacer o cuando tengo dudas".

1.4. Cierre de la clase

Finalizar bien una clase siempre es relevante, sobre todo para profesores de Religión, puesto que debemos concluir lo que enseñamos, rescatar los objetivos iniciales y asegurarnos de que todo lo planificado efectivamente haya ocurrido, incluso considerando algunos imponderables.

— **Repasa los objetivos iniciales de la clase.** El profesor debe ser muy explícito con los objetivos planificados al comienzo de una sesión, así en el cierre deberá volver a ellos con la pregunta ¿qué aprendimos hoy? El profesor de Religión debe enfatizar en aquello, pues probablemente se verán de nuevo en una semana más, por lo que dejar consignados los avances toma especial relevancia.

  Algunas estrategias para planificar este momento son: construir un mapa conceptual con las palabras claves, en alumnos más pequeños se pueden utilizar imágenes, responder un ticket de salida (exit ticket) contestando alguna pregunta que demuestre de manera sencilla el aprendizaje o pedirles a los estudiantes que escriban lo que aprendieron en un post-it.

— **Anota cualquier evento o suceso inesperado que haya ocurrido durante la clase, sobre todo con los alumnos con NEE.** Esta información será altamente valiosa para el profesor jefe y los especialistas de apoyo, y además servirá para preparar de mejor manera futuras clases.

— **Planifica el cierre de la clase.** Hay mucho que hacer en los minutos finales; ordenar el puesto de trabajo, hacer que los alumnos se preparen para la siguiente clase o el recreo, ordenar la sala, borrar el pizarrón, recoger trabajos, etc. Este cierre de clase no nos debe sorprender, por lo que es necesario tener planificados los minutos que tardaremos en aquello. Tal planificación agrega fluidez a nuestra clase y nos prepara ante cualquier contratiempo.

1.5. Evaluación

La evaluación de los aprendizajes es un tema fundamental, pues es el momento propicio para entregarles a los alumnos la posibilidad de demostrar lo que saben, y a nosotros como profesores, descubrir qué tan efectiva fue nuestra clase o unidad.

- **Evalúa el proceso.** Una buena evaluación considera también los acercamientos y pasos que da el alumno para el logro del objetivo final, por lo tanto, una positiva práctica es la de pensar anticipadamente esas etapas y lograr la evaluación de las mismas. En el caso de alumnos con NEE la evaluación del proceso es fundamental, ya que también nos da información sobre el avance clase a clase, otorgándonos la posibilidad de ajustar el rumbo.

- **Identifica lo primordial.** La evaluación de aprendizajes debe considerar el logro de objetivos, por lo que es fundamental el respeto por estos objetivos, es decir, evaluar lo planificado y considerar tales aspectos al momento de crear los instrumentos de evaluación. Recordamos una estrategia ya mencionada: la creación del instrumento de evaluación debería ser realizada durante la planificación inicial de la unidad, y no dejar tal proceso para el final.

- **Diversifica la evaluación.** Nuestra realidad de profesores de Religión nos invita positivamente a intentar ser más creativos y con una mayor amplitud en cuanto a estrategias evaluativas. Nuestra labor pedagógica nos exige constantemente la innovación en la enseñanza, por lo tanto la evaluación no queda exenta de esto. Intenta con una presentación oral, trabajos en grupos (lo cual será muy beneficioso para nuestros alumnos con NEE), opinión de textos, trabajos fuera del aula, trabajo interdisciplinario, etc.

- **Exige lo necesario.** Lograr el equilibrio entre la exigencia desmedida y la ausencia de la misma es un trabajo que requiere paciencia, esfuerzo y experiencia. Por lo general el profesor de Religión transita entre esos dos bandos, por lo que un buen consejo es el de siempre intentar desafiar a todos nuestros alumnos, considerando siempre el potencial de cada uno. Que tengan a la clase de Religión y a su evaluación como algo que requiere tiempo de estudio y, por tanto, un desempeño destacado es fruto del esfuerzo.

— **Comunícate con los demás profesores y especialistas.** Muchas veces la evaluación de alumnos con NEE, y sobre todo en la asignatura de Religión, presenta importantes desafíos, puesto que debemos hacer mucho en poco tiempo. Una excelente sugerencia es la de compartir con los demás profesores y realizar un camino en equipo, complementando las mejores estrategias de evaluación y aquellas que no han sido beneficiosas. No hay recetas perfectas para todos, ya que cada alumno es un mundo diferente.

2. Diversificación, un nuevo concepto en educación

Dejamos para el cierre de nuestro capítulo el concepto de diversificación, ya que se menciona en distintas partes del mismo, y es un pilar fundamental en toda decisión educativa que tenga por objetivo construir aulas inclusivas. Es interesante que los profesores de Religión podamos ir a la par con nuestros colegas de otras asignaturas, teniendo siempre a la vista no solo la enseñanza de nuestros contenidos, sino que también las nuevas metodologías y conceptos que van en ayuda de nuestro grupo de alumnos, incluyendo a aquellos alumnos que tienen alguna NEE.

La diversificación consiste básicamente en ofrecer a los estudiantes una variedad de actividades coherentes a su realidad y distintas unas de otras, con la finalidad de dar oportunidades a todos, tanto en la planificación de un contenido, en el proceso de enseñanza-aprendizaje y en su posterior evaluación.

Un aula diversificada, por lo tanto, es aquella donde principalmente son los estudiantes los que trabajan. El profesor tiene la labor de establecer los tiempos, el espacio, los materiales y las actividades. Es más inclusiva cuando se logra que los estudiantes se ayuden entre sí y a sí mismos, teniendo como meta lograr objetivos de curso e individuales. Cuando se estudia en un aula diversificada, los estudiantes vivencian que todos son diferentes, no existiendo una comparación, los progresos son individuales y las necesidades son parte de nuestra humanidad, por ende, se sobrepasa esta barrera y se vive en la colaboración, la ayuda y el sentido del servicio hacia los otros. El sello fundamental de un aula diversificada es la flexibilidad.

A continuación daremos algunos sencillos consejos, desde el punto de vista de la diversificación, para dos discapacidades con las cuales es muy probable que nos encontremos en nuestras aulas: alumnos con discapacidad intelectual y alumnos con trastorno del espectro autista.

En relación a los estudiantes que presentan algún grado de **discapacidad intelectual**, proponemos fomentar estrategias que tengan por objetivo la autonomía y participación dentro de la dinámica del aula, como por ejemplo:

- Establecer encargos, especialmente de servicio y colaboración.
- Realizar un mayor número de ejemplos en las actividades planificadas.
- Reforzar de manera constante la capacidad de solicitar ayuda a compañeros y profesores.
- Potenciar el orden de sus útiles y su lugar de trabajo (asiento, casillero, etc.), propiciando que ordene, clasifique y mantenga limpio.
- Ofrecer opciones de respuestas. Es importante formular preguntas simples y ofrecer alternativas de respuestas, otorgando pistas o sugerencias verbales.

Con respecto a los estudiantes que presentan **trastorno del espectro autista**, se proponen algunos recursos y estrategias que disminuyen las barreras de participación y comunicación.

- Contar con fotografías de compañeros, profesores, y familiares. Esto le permitirá indicar y mostrar preferencias o intereses.

- Conocer diferentes sistemas aumentativos y alternativos de comunicación (SAAC). Estos apoyos muestran grandes efectos en la interacción, participación y expresión, así como también en la disminución del sentimiento de frustración que se presenta cuando no logran comunicar lo que necesitan. Algunos ejemplos son: *Proloquo, Let me talk, #Soyvisual* y *DictaPicto*.

- El uso de tableros de anticipación o carteles con imágenes de las diferentes acciones a realizar, colaboran en la comprensión de las diferentes instrucciones que se exponen en el aula.

3. Conclusión

Tal como lo mencionamos en nuestra introducción, es evidente que nuestros alumnos con alguna NEE no están privados de acercarse a Dios. Esta reflexión, algo lógica, conlleva una implicación fundamental que a menudo pasa desapercibida: si todos nuestros estudiantes tienen el potencial de profundizar en su relación con Dios en nuestras clases de Religión, es imperativo que como educadores nos preparemos adecuadamente para este desafío.

Esta preparación va más allá de la formación doctrinal y la experiencia pedagógica, implica una formación continua, considerando siempre la diversidad de nuestro alumnado. Asumir esta responsabilidad nos obliga a ofrecer a cada estudiante la mejor educación posible. El capítulo que hemos escrito tiene como objetivo encender la llama de esta preparación especial para nuestros alumnos con NEE, quienes nos desafían, quiebran nuestros planes y nos motivan a perfeccionar nuestras habilidades pedagógicas. Además nos brindan una experiencia invaluable que nos convierte en mejores educadores y personas.

Esperamos en Dios que nuestras palabras y experiencias compartidas sean una fuente de motivación y un primer acercamiento favorable hacia la construcción de clases de religión más inclusivas.

Referencias

Ainscow, M. (2000). Desarrollo de escuelas Inclusivas. Madrid: Narcea.

Blanco, R. (1999). Hacia una escuela para todos y con todos. Boletín Proyecto Principal de Educación en América Latina y el Caribe. 48.

Booth, T. y Ainscow, M. (2000). Guía para la evaluación y mejora de la ecuación inclusiva. Index for inclusión. Madrid: Consorcio Universitario para la Educación Inclusiva.

Duk, C., Loren. C. (2010) Flexibilización curricular para atender la diversidad. *Revista Latinoamericana de Educación Inclusiva. Volumen 4. Número 1. 187- 210.*
http://www.rinace.net/rlei/numeros/vol4-num1/RLEI_4,1.pdf

Echeita, G., Ainscow, M. (2011) La educación inclusiva como derecho. Marco de referencia y pautas de acción para el desarrollo de una revolución pendiente. [Archivo PDF].
https://dialnet.unirioja.es/descarga/articulo/3736956.pdf

Huguet, T. (2006). Aprender juntos en el aula. Una propuesta inclusiva. Editorial Graó.

MINEDUC (2004) Nueva Perspectiva y Visión de la Educación Especial. Informe de la Comisión de Expertos. Santiago de Chile: MINEDUC.

MINEDUC (2005) Política Nacional de Educación Especial. Nuestro Compromiso con la Diversidad. Santiago de Chile: MINEDUC.

MINEDUC (2013) Orientaciones técnicas para Programas de Integración. [Archivo PDF]. Santiago de Chile: MINEDUC. *ORIENTACIONES TÉCNICAS PARA PROGRAMAS DE INTEGRACIÓN ESCOLAR (PIE) | Educación Especial*

Ruiz, E. (2012). Programación educativa para escolares con síndrome de Down. Fundación Iberoamericana Down 21.

Ruggieri, V., Cuesta, J. (2023) Autismo. Cómo intervenir, desde la infancia a la vida adulta. Editorial Paidós.

Tomlinson, C. (2001). El aula diversificada. Dar respuestas a las necesidades de todos los estudiantes. Ediciones Octaedro, S.L.

UNESCO/OIE (2008). Inclusión Educativa: El camino del Futuro, un desafío para compartir. Documento de discusión de la 48° reunión de la Conferencia Internacional de Educación.